SNA 연기스피치 시리즈

SPEECH

화술, 면접, PT, 토의, 토론, 강의기법, 사회진행, 대화, 발표훈련 등 말하기의 모든 것

5

# 실전 스피치

김 규 현 지음

연기스피치 I 저자 직강 및 동영상 강의

www.esna.co.kr

KYOWOOSA 교우사

SNA 연기스피치 시리즈 · 5

# 실전 스피치 제2판

화술, 면접, PT, 토의, 토론, 강의기법, 사회진행,
대화, 발표훈련 등 말하기의 모든 것

초판 인쇄 | 2015년 9월 18일
초판 발행 | 2015년 9월 25일

지은이 | 김규현
펴낸이 | 오판근
펴낸곳 | 교우사

주소 | 서울특별시 동대문구 약령시로 8 교우빌딩 2층
전화 | 925-2861(대표), 925-2825(편집부), 969-5762(홈쇼핑)
팩스 | 925-2860
이메일 | kyowoo@kyowoo.co.kr
홈페이지 | http://www.kyowoo.co.kr
북스토어(쇼핑몰) | http://www.kyowoo.co.kr
등록번호 | 1994년 3월 24일 제6-0256호

ISBN 979-11-251-0106-2 (04080)
979-11-251-0101-7 (set)

값 **15,000**원

## 시작하며 |

**왜 말을 잘해야 하는가?**

**지금은 '스피치의 시대'이다.**

**'말'의 시대다.**

집에서도 직장에서도 우리는 끊임없이 말을 한다.

어떤 사람은 첫인상이 좋았어도 말을 했을 때, 용두사미의 경우를 볼 수 있고, 어떤 사람은 인상이 좋지 않았어도 대화를 하면서 호감으로 바뀌는 사람이 있다.

이것이 '말의 힘'이다.

비호감을 호감으로 만들고, 말 하나로 많은 연봉을 받고, 말 하나로 대통령이 될 수 있는 그야말로 '말의 시대'를 살고 있다.

예전에 어떤 모임에서 저에게 어떤 분이 전공이 뭐냐고 물어보기에 연출과 연기를 전공했다고 했더니, 연기를 해보라고 했다. 그래서 "저도 전공이 뭐에요?"라고 물어보니 "수학이에요." 그래서 "수학해 보세요." 그랬더니 거기 주위 사람들이 막 웃으면서, 분위기가 화기애애해졌던 경험이 있다.

그만큼 말을 어떻게 하느냐는 매우 중요한 부분이다.

예를 들어 아내가 남편에게 예뻐 보이기 위해 파마머리를 했는데, 남편이 그런 아내를 보고 "머리가 그게 모냐, 머리에 라면 얹어

놓은 것처럼." 이라든가 "안 하는 게 낫다." 등의 말을 한다면 얼마나 상처가 되겠는가? 그런 표현보다는 "오늘 헤어스타일이 바뀌었네? 당신 외모가 훨씬 빛이 난다." 라든가 "여신이 따로 없네."라는 표현으로 아내의 변신에 칭찬을 해 준다면 다음 날 아침 반찬이 달라질 것이다.

부모와 자식 사이에서도 말의 힘은 중요한 역할을 차지한다.

자식의 성적표를 보고 "넌 머리에 뭐가 들었냐? 아메바가 들었냐?" 라든가 "넌 공부를 하면 할수록 성적이 떨어지는 특별한 재주가 있구나." 등의 무안을 주는 말보다는 "그래 이제부터 차근차근 쌓아 가면 되지." 또는 "네가 최선을 다했다는 거 나는 안다." 등의 따스한 말로 자식에게 용기를 북돋워 준다면 어떤 말보다 큰 위로가 될 것이다.

연인 사이에서도 말의 힘은 사랑의 끈을 이어주는 연결고리 역할을 한다.

여자 친구의 화장기 없는 모습을 보고 "누구세요?" 또는 "넌 참 얼굴이 글래머구나. 얼굴이 참 불편하게 생겼구나. 앞으로 최선을 다해 살아야겠다." 등의 말보다는 "당신은 어쩜 화장 지운 모습도 예뻐?" 또는 "방부제를 잔뜩 먹었나? 세월을 정통을 비켜갔네." 등의 예쁜 표현을 쓴다면, 알면서도 기분이 좋아져서 사랑을 돈독하게 만들게 될 것이다.

그만큼 말의 힘이 크다는 것을 반증하는 얘기다.

특히나 면접 자리에서는 말의 영향력이 막대할 수 있다.

유명한 일화 중에, 모 아나운서가 최종면접에서 “자네는 만약 떨어지면 어떡할 거지?”라고 물었더니 “저 같은 유능한 인재를 떨어뜨린다면 후회하실 텐데요.”라고 웃음을 지으며 말하자 그녀의 당당함에 모두들 웃음을 지었고, 결국 최종면접에서 합격을 했다.

**말은 곧 그 사람의 인격이요, 능력이다.**

말을 잘하게 되면, 최소비용으로 최대효과를 얻을 수 있고, 경제적인 가치가 충분한 메리트를 얻을 수 있다.

비단, 경제적 효과뿐만 아니라 주위에 늘 사람이 많게 되는 즉, 인맥의 인프라를 구성할 수 있는 엄청난 효과를 얻을 수 있다.

이 책은 말을 잘 할 수 있는 실질적인 방법을 제시한다.

어휘력과 표현력과 논리를 기반으로 해서 자기소개, 면접, 프레젠테이션, 소통, CS, 선거, 토의, 토론, 강의, 사회, 회의, 레크레이션 등 스피치에 관한 모든 방법을 제시한다.

또한 단순히 책을 읽는 것이 아니라 직접적인 훈련을 하면서 말을 잘 하는 방법을 제시해 주는 책이다.

책을 다 읽고 난 후 하루하루의 일상이 행복해 지고 사람들을 대면하는 것이 즐거워졌으면 하는 바람이다.

2015년 가을 어느 날

김규현

차 례

**시작하며** | 왜 말을 잘해야 하는가? **3**

## Part 1. 말을 잘하려면

**1.** 좋은 스피치란? **11**
**2.** 경청의 방법 **14**
**3.** 칭찬의 효과 **16**
**4.** 긍정의 힘 **19**
**5.** 자신감을 키우는 법 **22**
**6.** 발표불안 극복하는 법 **25**
**7.** 리더십을 키우는 법 **29**
**8.** 조리 있게 말하기 **31**
**9.** 재미있게 말하기 **35**
**10.** 매력적인 스피치 **39**

## Part 2. 스토리텔링

1. 도입부 45
2. 본론 49
3. 마무리 53
4. 스토리텔링 유형 56

## Part 3. 실전 스피치훈련

1. 발음 69
2. 소리 77
3. 화술 81
4. 호흡 87
5. 감정 90
6. 제스처 101
7. 논리 104
8. 다양한 표현 110
9. 유머 116
10. 속담 활용 119
11. 명언 활용 121
12. 사자성어 활용 123
13. 에피소드활용 126
14. 비유활용 128

## Part 4. 실수의 유형

1. 불안한 시선처리 137
2. 불안정한 자세 140
3. 삼천포로 빠지기 142
4. 반복적인 말 145
5. 소리의 떨림 147
6. 빠르거나 느린 템포 149
7. 자기만의 나쁜 습관 151
8. 목석처럼 굳은 표정 153
9. 무미건조한 표현 155

## Part 5. 다양한 스피치방법

1. 자기소개 159
2. 소통의 방법 164
3. 토의, 토론 171
4. 프레젠테이션 177
5. 면접 190
6. 강의 200
7. 사회진행 207
8. 레크리에이션 211
9. 선거연설 216
10. 앉아서 말하기 221
11. 서서 말하기 224
12. 회의진행 227
13. 3분 스피치 231

# part 1.

# 말을 잘 하려면?

# 1

# 좋은 스피치란?

말을 잘한다는 것은 화려한 미사여구로 청중을 현혹하는 것이 아니다.

**말의 진정성을 얼마나 생동감 있고 설득력 있게 표현할 수 있는가가 좋은 스피치의 기준이 될 수 있다.**

진정성만큼 사람에게 감동을 주는 것은 없다.

다만 그 진정성을 표현하는 방법에 있어, 마치 음악처럼 연사의 리듬 템포에 따라 그 효과가 배가 되기도 하고 감소가 되기도 하다. 그런 의미에서 진정성을 표현하는 방법이 중요하다.

예전에 개인적인 일로 힘들었을 때 방송에서 개그맨 이봉원 씨가 나와서 자신의 힘들었던 얘기를 하면서 한때 자살하고 싶은 충동을 느낄 정도로 힘들었고, 밤마다 한강에 가서 '그냥 뛰어들까?'라고 하루에도 몇 번을 빚쟁이에게 쫓기며 너무나 고통스러웠던 나날을 보냈다는 얘기를 방송에서 본 적이 있다.

보면서 나 스스로도 '저분이 얼마나 고통스러웠을까?'하는 마음이 그대로 내 마음속에 진심으로 전달되었고, 연민의 정을 느끼게 되었다.

그리고 다시 기사회생하기 위해 긍정적으로 몸부림치고, 그 힘든 상황에서도 웃음을 잃지 않으려는 모습은 내 맘을 움직였다. 그때 보았던 것은 그 사람의 '진정성'이었다.

연애를 할 때도 마찬가지다.

아무리 돈을 많이 쓰고, 선물을 많이 사줘도 그 사람의 '진심'이 담기지 않으면 절대로 그 커플은 오래갈 수가 없다.

그만큼 '진정성'은 스피치에서 매우 중요한 역할을 한다. 하지만 스피치의 내용이 아무리 훌륭하더라도 그 전달에 있어 생생함이 부족하다면 그것은 좋은 스피치가 아니다.

**우리가 흔히 대화나 설득을 할 때 말이 중요할 것 같지만, 실제로는 말을 할 때의 감정표현, 시선, 음성, 말투, 제스처가 더 상대방의 마음을 흔들 수 있다.**

말이 이성을 자극한다면 비언어적인 표현은 감성을 침투할 수 있다. 즉, 싱싱한 재료를 생동감 있게 전달하는 것이 좋은 스피치다.

그렇다면 생동감 있는 표현이 무엇일까? 생동감 있는 표현을 다음과 같은 예로 말할 수 있다.

우리는 흔히 교장 선생님의 말씀이 지루하다고 느끼는 경우가 많다. 그 이유가 뭘까? 그것은 바로 교장 선생님의 억양, 음의 높낮이, 말의 리듬과 템포 등에 변화가 없기 때문이다. 즉 지루함을 주는 똑같은 템포의 말이 문제를 유발한다.

그렇다면 생동감 있는 표현이란 마치 음악처럼 운율과 높낮이 등의 리드미컬한 표현이라 볼 수 있다. 아무리 내용물이 좋아도 포장지가 없으면 무언가 세심해 보이지 않고, 포장지는 화려한데 내용물이 부실하면 공허한 느낌이 크다.

이 내용물과 외형의 조화가 이루어졌을 때 비로소 좋은 스피치라 말할 수 있다.

# 2 경청의 방법

**스피치를 잘하려면 먼저 상대방의 이야기를 듣는 것이 중요하다.**

흔히 오해하는 부분 중에, 스피치를 잘한다는 것이 자기 얘기를 잘하는 것으로 생각하는 것이다. 경청이라는 것은 단순히 말을 들어주는 것이 아니다. 상대방의 얘기에 잘 반응을 해주는 것이다.

**즉 경청의 의미는 상대방의 얘기를 소극적으로 듣는 것이 아니라, 가슴으로 상대방의 이야기를 들어주는 것이다.**

예컨대, 상대방이 "오늘 많이 힘든 날이다."라고 했을 때, "그랬구나."라는 반응은 듣는 것은 맞지만, 매우 소극적인 경청이다. 그랬을 때, "왜 무슨 일 있었어?" 등의 적극적인 반응이 중요하다. 적극적인 경청은 상대방이 얘기의 물꼬를 트게 만들 수 있다. 그리고 그러한 반응은 소통을 이끌게 되고 상대방에게 호의를 얻게 될 수 있다.

한 번은 이런 일이 있었다.

어느 날 한 친구 녀석이 전화가 와서, 그날 너무 고마웠다고 하는 것이다. 사실 난 그다지 친한 사이가 아니어서, 무슨 얘기인가 싶었는데, 동창회에서 자기 얘기에 귀를 기울여줘서 고맙다는 것이었다.

사실, 그 당시 그 친구 앞에 앉아 있었고, 그리 친하지는 않지만, 자리를 옮기기도 그래서 계속 앉아서 그 친구의 힘들었던 시기에 대해 듣고 있었을 뿐이었다.

물론, 그 친구 처지가 좋지 않아 보여 진심으로 좋은 조언도 해주고 여러 가지 이야기도 많이 해주었다. 그런데 그 친구는 너무나 고마워 한다는 것이었다.

이야기를 듣고 진심으로 그 사람 이야기를 들어주는 것은 정말 마음을 움직일 수가 있다.

나 또한 누군가가 내 얘기를 진심으로 들어주면 마음이 눈 녹듯이 녹으면서, 여러 가지 소소한 얘기까지 다 하게 된다. 그만큼 경청은 사람의 마음을 움직이는 마법과 같은 힘을 지녔다고 볼 수 있다.

사람의 마음을 얻고 싶으면 먼저 들어야 한다. 경청은 상대방의 얘기를 진정성 있게 듣는 것이다.

건성으로 듣는 것은 경청이 아니라 방관일 뿐이다.

# 3
# 칭찬의 효과

'칭찬은 고래도 춤추게 한다.'는 말이 있다.

칭찬의 위대함을 얘기하는 대목이다. 실생활에서도 이 '칭찬의 미덕'은 다양하게 적용된다.

가령 아내가 집에 늦게 들어왔을 때 "뭐하다 이제 기어들어 와?", "술을 아예 담그지 그래?" "아주 집을 나가지 그래?", "출가한 줄 알았다." 등의 독설은 부부 사이의 금을 만드는 지름길이다.

반대의 경우도 마찬가지다. "옆집 철수 아빠는 돈도 많이 벌어오는데.", "어휴 이게 월급이냐 쥐꼬리냐? 어디 코에 붙이냐?" 등의 말은 상처만을 안기게 된다.

그렇게 말하는 것보다는 "요새 많이 힘들지?", "불경기인데도 이렇게 열심히 일하는 당신이 자랑스러워", "나랑 살아줘서 고마워."

등의 칭찬을 해보라. 다음날 대우가 달라진다.

학생들 연기교육을 하면서 칭찬의 힘이 얼마나 위대한 지 새삼 많이 느끼게 된다. 처음에 학생들을 지도했을 때, 학생의 잘못된 부분을 꼼꼼히 지적했다. “그렇게 하면 실력이 늘지 않는다.” “발음이 틀렸다.” “감정표현이 서툴다.” 등 끊임없이 최선을 다하여 지적을 했다. 그런데 내 기대와는 달리 학생들의 실력이 향상되기는커녕 오히려 퇴보되는 것을 느꼈다.

그래서 그 당시 난 깊은 회의감에 빠졌다. ‘무엇이 문제일까? 나름 최선을 다해 지도했고, 아이들이 잘되길 간절히 기원했는데…’ 그러던 중 TV에서 어느 명사가 ‘칭찬의 효과’에 대해 명강의를 했었고 그때 마치 망치로 한 대 얻어맞은 것처럼 깨달은 바가 있었다. 그 이유는 ‘채찍’은 들었는데, ‘당근’을 주지 않았기 때문이다.

그래서 방법을 바꿔보았다. 학생에게 ‘채찍’보다는 ‘당근’, 즉 칭찬하기 시작했다. 처음엔 어떤 식으로 칭찬해야 할지 몰라서 막연히 “잘했다.” “많이 나아졌다.”라는 식으로 칭찬했다.

물론 안 하는 것보단 나았지만, 실력이 많이 향상되지는 않았다. 그다음부터는 조금 더 구체적인 칭찬하기 시작했다.

“저번 시간에는 ㅅ 발음이 좋지 않았는데, 오늘 보니 그 발음이 많이 나아졌구나.” “예전에는 표현력이 좋지 않았었는데, 이제는 신체표현이 상당히 좋아졌구나.”라는 식으로. 그랬더니 눈에 띄게 학생이 자신감이 붙기 시작했고, 그 자신감은 실력을 낳았다.

과정이 좋으니 당연히 결과가 좋아 학생들이 원하는 목표점에 다다르게 되었다. 그때 이 '칭찬의 효과'가 얼마나 위대한 지 새삼 깨닫게 되었다.

생각해보라. **칭찬이야말로 경제 원칙 '최소비용으로 최대만족'을 제대로 실현해주는 것 아니겠는가?**

# 4
# 긍정의 힘

placebo 위약효과, 또는 '피그말리온 효과'라고 이미 증명이 되었던 것처럼 자꾸 긍정적으로 생각하고 최면을 더하다 보면 실제로 이뤄지는 경우가 많다.

그 유명한 빌 게이츠도 매일 아침 일어나 신문을 보며 아침에 해야 할 일을 생각하며 자기 스스로 긍정적인 최면을 건다고 하지 않는가?

실제로 긍정적으로 생각하면 긍정적인 일이 발생하고, 부정적으로 생각하면 부정적인 일이 생기는 경우를 우리는 자신의 일을 조금만 돌이켜보거나, 주변을 돌아보면 쉽게 느낄 수 있다.

내 경우에도 시험을 준비할 때, '이번 시험은 떨어질 것 같아.'라고 생각하면 실제로 떨어지는 경우를 많이 보아왔다.

고등학교 시절 그때는 상당히 긍정적인 마인드를 가지고 있었다. 그래서 내가 열심히 하면 그리고 최선을 다하면 분명 내가 원하는 목표대학에 갈 수 있다는 확신이 있었다. 그래서 누구보다 최선을 다했고, 시험을 덤덤히 기다렸다. 그리고 내가 원하는 학과에 갈 수 있었다. 그 당시엔 당연한 결과라고 생각했다.

하지만 영어번역시험을 준비한 적이 있었는데, 최선을 다하고도 왠지 불안한 느낌이 계속 들었다. '내가 과연 할 수 있을까?' '괜히 준비한 건 아닐까?'라는 여러 가지 불길한 생각이 들었다. 결과는 처참했다.

그런 경우는 이성 교제를 할 때도 마찬가지였다.

한 번은 마음에 드는 이성을 두고 속앓이를 한 적이 있었는데, 그 당시 내 여러 가지 환경에 비해 그녀는 매우 과분한 존재였다. 그래서 어떻게 그녀의 마음을 얻어 볼까 고민하던 중 문득 그런 생각이 들었다. '나는 더 이상 잃을 게 없다.' 그런 마음이 들고 나서는 오히려 마음도 더 편해지고 무척이나 담대해지는 걸 느낄 수 있었다.

그리고 그러한 약간의 무모한 마음은 그녀에게 용기와 남자다움으로 비쳤고 그래서 연애에 성공할 수 있었다.

지금 생각해 보면, 이 모든 것은 '긍정의 힘'에서 비롯된 위대한 결과라는 생각이 든다.

예컨대, 사고를 당해 한쪽 팔을 잃었을 때 어떤 사람은 '왜 하필 나한테만 이런 일이… 차라리 죽었으면…'이라고 생각하는 사람이 있고 또 어떤 사람은 '다른 한쪽 팔이 있어서 얼마나 다행이야. 감사하는 마음으로 살아야지'라고 생각하는 것이다.

긍정적으로 생각하라. 그러면 여러분이 원하는 결과를 충분히 얻을 수 있으리라 확신한다.

서양명언 중에 '긍정적인 사람은 위기에서 기회를 보고, 부정적인 사람은 기회에서 굳이 위기를 본다.'라는 말이 있다.

이 말은 '긍정의 힘'과 '부정의 힘'이 얼마나 막대한 영향을 끼치는지를 알려주는 대목이다.

# 5

# 자신감을 키우는 법

요새는 애나 어른이나 자신감이 없는 사람들이 상당히 많다. 말에 대해 자신이 생기면 자신도 모르게 자신감도 붙게 되고, 자신감이 붙으면 친구들과 지인 사이에서도 인기가 많아진다.

**자신감을 키우려면 먼저 스스로의 모습 그대로를 인정해야 한다.**

먼저 '나'에 대해서 정확히 알아야 한다. 한번 내가 잘하는 것이 무엇이고 못하는 것이 무엇인지 기록해 보아라. 그렇게 자신을 알아가다 보면 단점도 있지만, 장점도 많음을 알게 된다.

그리고 자신감이 없는 대부분은 스스로를 지나치게 가혹하게 평가한다. 누구나 단점이 있고, 아쉬운 부분이 있다. 자신을 객관화하라. 주관적으로 생각하다 보면 단점만 보인다. 그렇게 되다 보면 사람들 앞에 서는 것이 위축되고 자신이 없어질 수밖에 없다. 그리고 사람들이 하는 말에 쉽게 상처를 받는다.

자신을 사랑하고 아껴라. 그리고 자신을 너무 낮게 생각할 필요도 없고, 남의 말에 지나치게 귀를 기울일 필요도 없다.

남의 말을 쉽게 하는 대부분의 사람은 사실 콤플렉스 때문에 자신을 감추기 위해 그러는 경우가 많다. 누구든 단점이 있고, 부족한 점이 많으므로 당신만 그러는 것이 아니라는 생각을 하게 되면 된다.

또한, 대부분의 사람은 자신의 입장에서 생각하기 때문에 사람들의 말에 상처를 받을 필요도 없고 지나치게 의식할 필요도 없다.

사람들의 말에 귀를 닫으라는 것이 아니다. 10명 중 과반수가 얘기하는 것은 귀 기울일 필요가 있다. 그것은 많은 사람들이 그렇게 생각하는 것이므로 객관적인 소리가 될 수 있다.

하지만 신이 아니기 때문에 인간은 절대로 완벽할 수가 없다. 그렇기 때문에 자신의 부족한 점을 개선하려는 노력을 할 뿐이다. 사람 위에 사람 없고 사람 밑에 사람 없다.

**부정적인 사람은 부정적으로만 생각하고 긍정적인 사람은 늘 긍정적으로 생각한다.**

자신감은 긍정의 마인드에서 비롯되는 것이다. 처음부터 잘하는 사람은 없다. 스스로 적극적으로 해 보겠다는 의지만 있다면, 먼저 자신의 모습을 인정해라. 그리고 하나씩 내가 잘 할 수 있는 것을 생각하고 말하고 행하라. 그렇게 노력해 나가다 보면 누구든 자신감이 생긴다.

빌 게이츠가 처음부터 컴퓨터를 잘하지는 않았다. 히딩크 축구감독이 처음부터 축구를 잘하지는 않았다. 스티브 잡스가 처음부터 말을 잘하지는 않았다.

# 6

# 발표불안 극복하는 법

'발표불안.' 누구나 강단에 서면, 그리고 남들 앞에 서면 생기는 자연스러운 현상이다.

**'왜 발표불안이 생길까?' 그 이유는 사람들에 대한 의식이다.**

혼자 있거나, 친한 친구와 있거나 가족들과 함께 있을 때, 불안한 사람은 거의 없을 것이다.

그런데 왜 사람들 앞에만 나서면 불안한 걸까?

왜냐하면, '사람들이 나를 어떻게 볼까?', '내가 과연 잘할 수 있을까?' 라는 여러 가지 의식과 생각이 생기기 때문이다. 그렇다면 발표불안을 없애려면, '누구나 남들 앞에서는 긴장을 할 수밖에 없다.'라는 것을 인정하면 된다. 아이러니하게도 그것이 긴장을 덜 하는 첫 번째 방법이다. 아무리 오바마 대통령이나 스티브 잡스라도 대중들 앞에서는 자연스럽게 긴장할 수밖에 없다.

이런 일화가 있다.

어느 날 사람들 앞에만 서면 긴장하는 사람이 '어떻게 하면 긴장을 하지 않을까'를 고민하다가 정말 말에 일가견이 있는 어느 절의 주지 스님을 찾아갔다고 한다. 그때 스님께서는 한창 불경에 심취해 있어서 그 스님에게 방해되지 않으려고 쪽지를 남겼다. 쪽지의 내용은 다음과 같았다. "스님, 어떻게 하면 사람들 앞에 서면 긴장을 하지 않을까요?" 그러자 그 스님이 다음과 같은 쪽지를 남겼다. "나도 떨려…"

이와 같이 누구나 사람들 앞에 서면 긴장할 수밖에 없다.

두 번째 발표불안이 생기는 원인은 '너무 잘하려고 하는 욕심'이다.

사람들 앞에서 '정말 잘해야지… 완벽하게 말할 거야…'라는 욕심이 발표불안을 만드는 것이다.

그렇기 때문에 누구나 실수를 할 수 있고, '처음부터 잘하는 사람은 없다'라는 생각으로 차분하게 말을 하면 된다. '습관은 제2의 천성'이라 했다. 비록 처음엔 어설프더라도 사람들 앞에 자꾸 나와서 발표를 하다 보면 실수를 하면 할수록 오히려 발전 가능성도 더 클 수 있다. 물론 발표를 하는 것만으로는 많은 향상을 기대하기 어렵다.

본인 스스로 어떤 점이 문제였는지, 다음번엔 어떻게 실수를 만회할지 자가진단 및 피드백을 통해 개선해야 한다.

긴장에 대한 에피소드 중에, 어떤 주례선생님이 주례를 보던 중 너무 긴장을 한 나머지 "신랑 ○○○는 2남 2녀 중 장남으로 태어나서"를 "신랑 ○○○은 2남 2녀 중 장난으로 태어나서"라고 해서 예식장이 뒤집어졌던 적도 있었다.

그만큼 긴장은 실수를 유발하는 주된 원인이다.

마지막 원인은 모르는 사람들에 대한 막연한 공포에서 비롯된다.

그래서 발표를 할 때, 식은땀이 나거나, 시선이 불안하게 되는 것이다. 그럴 때는 편하게 심호흡을 하라. 그리고 '앞에 있는 사람은 그냥 사람이다. 다 나랑 똑같은 사람일 뿐이다.'라고 편하게 생각하라. 그래봤자 다 우리와 같은 사람일 뿐이다. 이처럼 맘을 편히 먹고 실수를 인정하고 욕심을 버린다면 누구나 발표불안을 극복할 수 있고, 말을 잘할 수밖에 없다.

중요한 것은 사람들 앞에서 자꾸 말을 해 보는 것이다.

솔직히 아무리 강심장인 사람이라도 청중이 수 십 여명 이상 되는 곳에서 연설을 조금의 떨림 없이 하는 사람은 단연코 없다고 확신한다. 그만큼 낯선 환경에서는 누구나 떨게 되어 있다.

처음에 사회를 봤을 때, 사람들이 나를 보고 있다는 생각에 정말 소변이 마려울 정도로 떨었던 기억이 난다. 그래서 내용은 좋았지만,

마치 요들송을 하는듯한 목소리의 떨림으로 인해 사회를 망친 기억이 있다.

그 이후로 절치부심해서 다시 사회의 기회가 생겼는데, 그때는 막연한 두려움보다는 '그래 이까짓 게 무슨 대수야? 어차피 다 사람이 하는 일이고 누구나 실수는 하는 법이야' 라고 생각을 하면서 사회를 진행했더니, 마음이 너무나 편안해지면서 말이 술술 나오게 되었다.

누구나 낯선 환경에서는 떨릴 수밖에 없다.

처음에는 쉬운 주제, 예를 들어 '친구', '엄마', '학교' 등의 친숙한 주제를 가지고 서론, 본론, 결론을 바탕으로 논리적으로 말하는 훈련을 해 본다. 조금은 어설프더라도 자꾸 연습을 해 나가다 보면 어느새 이보다 더 어려운 주제를 가지고도 얼마든지 논리적이고 인상적으로 말할 수 있는 능력이 생긴다.

실패보다 어리석은 것은 그것을 행할 생각조차 않는 것이다.

**처음부터 잘하려 하지 말고, 차근차근 단계를 밟아 나아가라.**

# 7

# 리더십을 키우는 법

리더십이 있는 사람은 언제나 자신감이 넘치고, 긍정적이고 적극적인 사고를 한다.

"지도자는 희망을 파는 상인이다."라는 나폴레옹의 말처럼 리더십은 곧 긍정적, 적극적인 마인드에서 나온다고 할 수 있다.

중요한 것은 사람 사이에서의 관계다.

사람과의 관계에서 상대방의 이야기를 잘 경청하고 보다 적극적으로 분위기를 이끌려고 한다면 리더십은 조금씩 함양될 수 있다.

**리더십은 '자랑'이 아니라 '경청'이다.**

리더십은 말하는 것이 아니라 듣는 것이다. 먼저 상대방의 말을 들어라. 자꾸 듣다 보면 할 얘기가 생긴다. 그리고 참여할 기회가 생긴다. 그러다 보면 그 사람의 입장에서 생각하다보면 상대방도 당신의 진심을 알고 당신을 따르게 될 것이다.

### 리더십은 배려요. 어우러짐이다.

절대 자기의 입장에서 행동하지 마라.

자신이 먼저 마음을 열고 다가가면 상대방도 마음을 열게 되어 있다.

일단 실천해보라. 긍정적이고 적극적인 마음을 갖고 먼저 친구들에게 그리고 지인들에게 다가가라. 그리고 실패를 두려워하지 마라. 용기에 가장 큰 적은 망설임이다. 스스로 망설이다 보면 기회를 놓치게 되는 안타까운 결과를 자초한다.

### 리더십은 유머요 재치이다.

유머러스한 사람은 어디에서도 분위기를 주도하기 때문에 인기가 많은 편이다. 과감하게 도전하라. 평소에 재미있는 개그프로그램도 많이 보고 재밌게 말하는 친구를 흉내 내는 것도 좋은 방법이다.

그래서 어떤 포인트에서 사람들이 웃고 어떤 행동을 했을 때 사람들이 반응이 있는지를 살펴보다 보면, 어느새 본인도 재밌는 사람, 리더십이 있는 사람이 되어 있을 것이다.

이처럼 리더십은 배려, 경청, 유머의 키워드로 얘기할 수 있다. 이 세 가지 키워드를 위한 노력을 기울인다면 누구나 리더십을 가질 수 있다.

첫술에 배부를 수는 없다. 용기를 가지고 실행해 보라.

8

# 조리 있게 말하기

가끔 스피치 수업을 하다 보면, 분명히 내용은 좋은데 기억에 남는 내용이 없는 스피치를 하는 학생들을 줄곧 보곤 한다.

그 이유는 내용은 좋은데 그 내용을 논리적이고 조리 있게 말하지 못해서 그런 것이다.

예를 들어, '긍정의 힘'에 대해 얘기를 하는데, 왜 긍정적으로 생각하는 것이 좋은지, 긍정적으로 생각하면 우리의 삶에 어떤 변화가 있는지를 얘기하다가 '웃음'으로 주제가 넘어가거나 아니면 아예 다른 내용으로 주제가 바뀌게 되면 듣는 사람들은 그때부터 삼천포로 같이 빠지게 되는 것이다.

그렇기 때문에, 말을 논리적으로 하려면 자신이 얘기하는 바를 일관되게 끌고나가는 습관을 기르는 것이 중요하다.

예전에 초창기에 강의를 하다가 '행복'이라는 주제를 가지고 얘기를 하는데, 청중들의 반응이 없자 나도 모르게 갑자기 살면서 '실수'를 했던 에피소드를 얘기했는데, 오히려 더 분위기가 냉랭했던 기억이 있다.

그 기억은 나에게 악몽과 같았다.

왜냐하면, 그 강의는 청중들에게 어떠한 주제를 갖고 얘기를 한 것도 아니고 재미도 없고, 즉 기억에 남는 강의이기는커녕, 기억 속에 지우고 싶은 강의이기 때문이었다.

그때 느꼈던 부분은 반드시 어떠한 주제를 갖고 얘기를 할 땐 그 논제에서 벗어나지 않도록 흐름을 유지하는 것이 중요하다는 것이었다.

그 흐름을 얼마나 재미와 감동을 섞어가며 일관되게 얘기를 할 수 있는가가 바로 조리 있게 말하는 능력이다.

조리 있고 논리적으로 말을 하려면, 평소에 어떠한 주제나 내용을 가지고 얘기할 때 욕심을 부리지 않고, 일관되게 얘기를 할 수 있도록 말하는 습관이 중요하다.

가령, 말을 하다 보면 '내가 어디까지 얘기했더라?' 또는 '무슨 내용을 갖고 얘기를 하는 거지?'라고 되묻는 경우가 많다. 그렇기 때문에, 논지에서 어긋나지 않도록, 일관성 있는 태도와 말의 내용을 유지하는 습관이 반드시 필요하다.

내가 가르치는 학생 중 한 명이 있는데, 참 잘생기고 이성에게 인기도 많지만 얘기를 했다 하면 상대방의 하품을 유발하는 재주를 가져 참으로 보는 나도 난감한 적이 많았다.

그래서 그 학생에게 무슨 말을 할 때, A – B – C의 흐름으로 얘기를 하라고 지도를 하고 가령, '실수'라는 주제를 갖고 얘기할 때 '보편적인 실수' – '나의 실수경험' – '앞으로의 각오' 등의 '흐름'을 잃지 않기 위한 훈련을 지속적으로 했더니 처음의 횡설수설한 말솜씨는 사라지고 눈에 띄게 논리적으로 말을 하게 되었다.

**논리적으로 말을 하기를 원한다면 바로 말의 '핵심키워드'를 찾는 것이다.**

말을 할 때 핵심키워드를 찾고 일관성을 유지하는 연습을 하라. 먼저 쉬운 부분부터 이솝우화나 동화 또는 어떤 사물을 갖고 묘사하는 것부터 출발하라. 그래서 먼저 얘기의 핵심을 찾아내라.

가령 '토끼와 거북이'에서의 핵심문장은 3가지다.

1. 발 빠른 토끼와 느린 거북이의 경주시합
2. 자만한 토끼의 낮잠, 거북이의 꾸준한 걸음
3. 느리지만 성실한 거북이의 승리

자, 여기서 그러면 핵심키워드는 하나로 요약된다.

'느리지만 성실한 거북이의 승리'

이처럼 논리적으로 말하는 것의 핵심은 말의 '핵심키워드'를 찾고 그 일관성을 유지하는 것이다. 그렇게 쉬운 이야기부터 시작해서 어려운 논지나 문제를 풀어 가면 누구나 조리 있게 말할 수 있다.

# 9

# 재미있게 말하기

요새는 직장에서도 학교에서도 강력한 리더십을 발휘하는 '카리스마형 리더'보다 부드럽게 구성원들을 아우를 줄 아는 '유연한 리더'가 더 인정받고 있다.

그것은 시대적인 흐름과 연관이 있다.

지금은 예전과 달리 단순한 부를 창조하는 것보다 웰빙을 생각하는 시대, 그리고 물질적인 것보다 정신적이고 정서적인 것들을 추구하는 시대, 단체보다는 개인의 능력을 중시하는 시대로 변화하고 있기 때문에, 우리가 추구하는 리더의 역할도 자신의 능력을 발휘해서 독자적인 힘을 발휘하는 것보다 전체 구성원의 능력과 자질을 잘 이끌어 내고, 소통과 화합을 할 수 있게 분위기를 만들어주는 능력이 더 중요하게 여겨진다.

유연하다는 것은 온화함, 아우름, 소통, 화합과 맞물려 있다.

그렇기 때문에 **유연한 리더가 되려면 반드시 '유머'를 알아야 한다.**

예를 들어 직원이 출근해서 "안녕하세요, 오늘 날씨가 꽤 덥네요. 쪄 죽는 줄 알았어요."라고 했을 때, "네, 그래요."라고 대답을 하는 것과 "그래도 살아있으니 얼마나 다행이에요."라고 말하는 것의 차이에 따라 사무실의 분위기가 달라질 수 있다.

유머를 겸비한 사람과 옆에 있는 것 자체로 늘 즐거움과 유쾌함을 선사 받을 수 있다. 그렇기 때문에 재미있게 말하는 능력은 비단 리더의 능력일 뿐만 아니라, 현대를 살아가는 모든 사람의 필수 능력이 되고 있다.

재미있게 말하기 위해서는 평소에 개그프로그램을 많이 보는 것이 좋고, 매일 매일 유쾌한 생각과 긍정적인 사고를 하는 것이 중요하다. 또한 '역발상의 원리'가 바로 '유머'를 만들기 때문에, 같은 말이라도 바꿔 말해보고 거꾸로 말해보며 다르게 말하는 습관이 바로 '유머'를 만들 수 있다.

가령 술자리에서 술을 따르는데 맥주가 조금 넘쳤다면, "아유 아까워라"라는 말보다는 "자네의 행동에는 거품이 조금 꼈군." 또는 "나를 향한 애정이 넘쳐흐르는구나." 등의 발상의 전환 원리를 갖고 얘기를 하는 습관을 갖는 것이다.

부부 사이에서도 유머는 부부생활의 윤활유가 될 수가 있다.

가령 부부싸움을 하는 상황에서 “당신이 나한테 잘한 게 뭐 있어? 날 위해 해준 게 뭐가 있어?” 라고 했을 때, “그래 너 잘났다. 그러는 너는 뭘 잘했냐?”라고 말을 한다면 불난 집에 부채질을 하는 격이 될 것이다. 그런 대화보다는 “소리 좀 낮춰, 남들이 보면 싸우는 줄 알겠다. 당신의 사랑표현은 너무 격정적이야.” 등의 완곡한 표현으로 분위기를 바꾸는 것이 중요하다.

어떤 모임 같은 곳에서도 유머는 유연한 분위기를 만든다.

예컨대 동창회 같은 곳에서도 오랜만에 만난 친구에게 “넌 어쩜 얼굴이 폭삭 늙었냐. 미용에 돈 좀 써라”라고 공격을 했을 때 “그러는 넌 거울도 안보냐? 주름이 그게 뭐냐?”라는 말 보다는 “세월을 정통으로 맞아서 그래” 또는 “난 얼굴이 겸손해. 그래서 남들을 돋보이게 만들어” 라고 유연하게 대처하는 것이 분위기를 좋게 만들 수 있다. 그렇게 되면, 처음엔 조금 어색해지더라도 자꾸 하다보면 자신감이 붙게 되기 마련이고 그 자신감은 유머 있는 사람으로 만들어 주는 원동력이 된다.

**하지만 유머는 지나치면 ‘독’이 될 수 있다.**

‘적재적소’, ‘과유불급’ 이런 말들은 유머를 하는데 반드시 필요한 사자성어다.

예전에 사람들을 즐겁게 하는 것이 너무 재미있어서 자주 유머를 사용하곤 했었는데, 그러다보니 나도 모르게 욕심이 생겨 안 해도 될 말을 거리낌 없이 하던 적이 있었다.

하루는 친구들과의 모임에서 살이 조금 찐 친구에게 "너 물에 빠지면, 돼지가 우물에 빠진 날이 되는 거지?"라고 한 적이 있었는데 친구들은 깔깔대고 웃었지만 당사자인 그 친구는 그 다음부터 나와 연락이 잘되지 않았다.

그래서 본의 아니게 그 친구에게 상처를 주기도 하고 가까워지려는 노력이 오히려 소원함을 만들었다.

그런 '독'이 되는 유머들을 조심하고 건강한 생각과 긍정적인 마인드 그리고 사람을 배려하는 따스한 마음씨로 하루하루 말을 한다면 누구나 좋아하게 되고, 바로 진정한 '재미있는 사람'으로 거듭날 것이다.

# 10
# 매력적인 스피치

매력적으로 말한다는 것이 어떤 의미일까?

단순히 말을 잘한다는 것이 매력적으로 말을 하는 걸까?

우리는 영화를 볼 때, “와 너무 감동적이다.”, “저 영화 무척이나 인상적이었어.”, “정말 주옥같은 영화다.” 등의 표현을 한다. 그만큼 영화가 매력적으로 다가왔을 때 저런 표현을 할 수 있다는 것이다.

스피치도 마찬가지다.

매력적으로 말을 한다는 것은 내용과 표현이 모두 좋았을 때, 우리는 그렇게 표현한다.

상품으로 예를 들자면, 아무리 내용물이 좋아도 포장이 안 되어있으면 세련미가 떨어지고, 포장지만 화려하면 배신감이 들게 된다.

**매력적인 스피치란 내용과 방법 두 가지 모두를 만족시켰을 때, 칭할 수 있다.**

말을 매력적으로 한다는 것은 여러 가지로 생각해 볼 수 있다.

방송인 유재석 씨의 경우 게스트를 잘 배려하는 것으로 유명하다.

그래서 자신이 먼저 말을 이끌어 가는 것이 아니라, 게스트의 이야기를 듣고 게스트의 특징이나 장점을 충분히 이끌어 내는 방식을 선호한다.

그래서 시청자들이 편안하게 게스트의 얘기를 듣고 또한 게스트들이 좀 지루하다 싶으면 그때는 재치와 위트를 발휘해서 청중을 재미있게 만든다.

또 다른 매력적인 스피치를 하는 경우는 스티브 잡스를 예로 들 수 있다.

스텐포드 대학에서 스티브 잡스가 연설 한 것을 보면, 왜 그가 스티브 잡스인지를 느낄 수 있다.

그는 유머나 재치보다는 상당히 진취적이고 진실 된 스피치를 한다. 그의 스피치는 힘이 느껴지고 희망이 느껴진다. 그래서 보는 사람들이 그의 얘기를 듣고 있으면 스스로 반성을 하면서 무언가 해야겠다는 진취적인 마인드를 가지게 된다.

오바마 대통령의 경우는 말의 완급조절을 상당히 잘한다. 일단 그의 표정에서 '진실성'과 '신뢰'가 느껴진다. 눈빛은 확신에 가득 차 있고, 제스처는 열정을 표현한다. 그리고 말의 억양, 빠름과 느림의 완급조절의 귀재이다.

힘 하면 강호동 씨도 있다. 그의 우렁찬 목소리는 다소 부담스러울 수 있지만, 에너지와 힘이 느껴지는 그의 진행은 보는 사람들이 시원할 때가 많다.

이처럼 매력적으로 말한다는 것은 다양한 방법으로 가능할 수 있다.

그래서 어떻게 정의를 내리는 것은 힘들지만 확실한 것은 청중을 빨아들이고 내 편으로 만든다는 것에는 공통점이 있다.

# part 2.
# 스토리텔링

# 1 도입부

스토리텔링이란 소위 스피치를 할 때의 이야기구성을 말한다.

건물로 말하자면 뼈대에 해당하는 역할을 한다. 아무리 건물이 겉모습이 좋다고 해도

뼈대가 튼튼하지 않다면 허울만 좋은 건물이다.

스토리텔링은 도입부, 본론, 마무리로 나눌 수 있다.

도입부는 말의 시작 부분이다. 스피치의 주제가 '긍정의 힘'이라고 했을 때, 긍정의 힘이라는 주제를 이끌어 나갈 때, 도입부는 첫 단추에 해당할 수 있다.

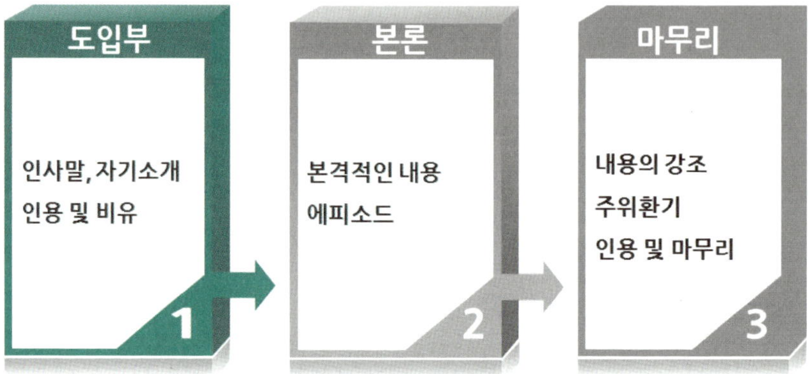


**도입부를 세울 때, 인용이나 속담 또는 에피소드 등의 방법을 통해 청중을 솔깃하게 만드는 것은 매우 중요하다.**

첫 시작에 있어 흥미를 끌지 못한다면, 본론 결론을 이끌어 나가는 과정이 더 힘들 수밖에 없다.

먼저 명언으로 도입부를 만드는 방법은 다음과 같다.

예컨대, 탈무드에서 "행복한가 행복하지 않은가는 자기 마음에 달려있다고 했습니다. "또는" '배우지 않으면, 곧 늙고 쇠해진다.'라는 말이 있습니다."라고 도입부를 시작한다면 충분히 흥미를 유발할 수가 있다.

속담의 경우는 "미꾸라지 한 마리가 물을 흐립니다. 오늘 저는 할인마트에 갔는데 거기서 진상 손님을 봤습니다." 등의 표현이다.

사자성어의 경우 "'과유불급' 제가 재테크를 배우면서 느꼈던 말입니다. 몇 번의 투자실패를 통해 지나친 것은 오히려 부족한 것보다 못하다는 것을 깨달았습니다." 등의 표현이다.

에피소드도 마찬가지이다. "어렸을 때 저는 부정적인 생각을 많이 하는 아이였습니다.

그런데 어느 날 차에 치일 뻔했는데, 한 지나가는 어른의 도움으로 구사일생을 했습니다.

그 이후 저는 제가 살아있는 것에 기쁨을 느끼기 시작했고, 지금의 긍정적인 생각을 하는데 매우 많은 도움을 받았습니다." 등의 일화를 통한 서론구성 방법이다.

이번에는 '칭찬'이라는 주제를 가지고 스토리텔링 도입부를 만들어 보자.

먼저 명언이나 격언을 활용해서 "칭찬은 고래도 춤추게 합니다."라고 이야기를 시작하면서 주위를 환기하는 방법이 있다.

또한 "오늘 아침 아내에게 헤어스타일이 너무 예쁘다고 칭찬을 하자 갑자기 안 하던 애교를 부리는 모습을 보고 '칭찬이 정말 중요하구나.' 라는 것을 깨달았습니다."라고 에피소드로서 말의 물꼬를 틀 수도 있다.

그리고 "여러분들은 하루에 몇 번이나 칭찬을 하세요?"라고 주위를 환기시키는 방법도 있다. 그렇게 되면 청중들은 화자의 말에 관심을 갖게 되고, '저 사람이 지금 무슨 얘길 하려고 하지?'라고 궁금함을 갖게 된다.

따라서 도입부를 어떻게 꺼내는가는 매우 중요한 부분이다.

다만 격언이나 에피소드, 속담을 반드시 고집할 필요는 없다. 때로는 무난한 도입부를 통해 본론과 마무리를 오히려 강조를 할 수도 있기 때문이다.

가령 "사람들은 왜 행복을 추구하려 할까요?"라고 주위를 환기시키는 도입부도 있고, 처음 강단에 서자마자 침묵을 한 5초 동안 보여주면서, 주위를 환기시키는 방법도 있다.

어떤 것이 옳고 어떤 것이 틀린 것은 없다.

다만 적재적소에 상황에 맞는 도입부를 이끄는 것이 좋은 방법이다.

# 2
# 본론

도입부에서 인용이나 속담, 에피소드로 흥미를 유발했다면, 본론 부분에 있어서는 본격적으로 이야기를 풀어나가야 한다.

'행복'이라는 주제를 가지고 도입부에 인용을 사용했다면, 화자의 에피소드, 주장 또는 예시를 하고 이야기를 전개해야 한다.

가령, "행복은 우리 인생에 매우 중요합니다."라는 주제를 갖고 도입부에서 "만약 우리가 행복하지 않다면 과연 인생에 어떤 의미가 있을까요?"라는 질문을 통해 도입부를 이끌었다면, "제가 어렸을 때 집안이 매우 어려웠습니다. 그래도 우리 가족은 서로 똘똘 뭉쳐 가난했지만, 더 행복할 수 있었죠."라는 자신의 에피소드를 얘기하는 방법이다.

또한, 비교나 분석의 방법도 있다. "행복과 불행은 공통점과 차이점이 있습니다. 공통점은 감정에 대한 부분이고요. 차이점은 한쪽은 긍정적인 마음에서 비롯되고 다른 한쪽은 부정적인 마음에서 생긴다는 점입니다."라는 비교와 대조의 전개방식이다.

의견제시와 주장의 방법도 있다.

"행복이라는 것은 파랑새와 같습니다. 실제로 파랑새는 존재하지 않지만, 우리는 계속 꿈을 꾸고 그것을 얻으려 갈구하듯이, 행복이라는 것도 우리의 마음속에 있을 뿐입니다. 그러한 감정을 얻기 위해 현실이 고통스러워도 참고 견딜 수가 있는 것이죠."

구체적 예시나 진술은 좋은 본론의 방법 중 하나이다.

예를 들어 '사랑'이라는 주제를 가지고 얘기할 때, 도입부에서 "사랑은 부모와 자식 간의 사랑, 선생님과 제자 사이의 사랑, 국가와 국민 간의 사랑, 연인 간의 사랑 등 수많은 종류의 사랑이 있을 수 있습니다"라고 사랑의 종류나 정의에 대해 얘기를 했다면 본론은 말하고자 하는 사랑의 방식이나 사랑에 대한 내용을 구체적으로 이끌어 가야 한다.

가령 "연인끼리의 사랑은 전에 열거한 사랑과는 다른 무언가가 있습니다. 혈육관계에서의 무조건적인 사랑과는 달리 심장을 뛰게 만들고 온종일 그 사람만 생각하게 만드는 그런 사랑입니다. 제가 경험한 연인 간의 사랑은 친구 같은 편안한 사랑이 아니라, 교통사고처럼 피할 수도 없고 후유증도 오래간 그런 사랑이었습니다. 중략."

등으로 예시를 통한 구체적 전개를 할 수 있다.

이때 주의할 점은, 말의 반복이 없어야 하고, 도입부에서 나온 것을 지루하게 나열식으로 얘기하지 말아야 한다는 것이다.

지루한 전개나 표현은 청중을 잠 속으로 빠져들게 하는 지름길이다.

따라서 도입부에 부합되도록 본격적인 주장이나 예시 또는 에피소드를 통해 매력적인 전개를 해나가는 것이 본론의 역할이라 할 수 있다.

본론은 스피치의 형태에 따라 달라질 수 있다. 면접, 자기소개, 강의, 프레젠테이션, 발표 등 다양한 형태의 스피치가 있기 때문에 '반드시 본론을 이렇게 구성해야 한다.'는 정답은 없다.

가령, 프레젠테이션, 발표의 경우 사실적인 근거를 바탕으로 예시나 비교, 대조 등의 방법을 쓰는 것이 논리적이다.

예를 들어, 프레젠테이션을 할 때, "우리나라의 선진국 도약을 방해하는 요인은 바로 '소통의 부재'라고 생각합니다. 세대 간의 격차, 지역 간의 격차, 남녀 간의 생각 격차 등 우리는 수많은 '격차의 시대'를 살 고 있습니다. ○○리서치에 의하면 노년층과 청년층을 비교했을 때 서로의 세대를 공감할 수 있느냐의 질문에 70% 이상이 이해가 가지 않는다고 얘기했습니다. 이러한 문제는 우리나라의 발전을 퇴보시킬 수 있는 원인이 됩니다."라고 사실적인 근거를 토대로 말하는 것이다.

자기소개, 강의, 사회진행 등은 본론을 얘기하면서 딱딱하지 않게, 적절히 유머 비유를 통해 다양한 재미거리를 주는 것이 중요하다.

가령 자기소개를 할 때 "사실 전 어려서부터 긍정적인 것은 아니었습니다. 늘 친구들한테 소외되었고, 가장자리에서 혼자 놀기를 좋아했습니다. 그래서 친구를 사귀려고 시도해도 잘되지 않아서, 결국 먹을 것으로 매수하기 시작했습니다. 역시 돈 앞에는 장사 없더군요." 등의 재미를 곁들여 흥미를 유발하는 것도 좋은 방법이다.

중요한 것은 '재미와 감동'이다.

그리고 상황에 따라 어떤 것을 얘기할지, 어떤 부분에 초점을 맞추어야 할지를 생각을 하면서 스토리텔링을 구성하는 것이 중요하다.

하지만 '과유불급'이라는 말이 있듯이, 감동도 너무 지나치면 오히려 역효과를 낳을 수도 있고, 재미도 지나치게 되면 오히려 가벼워질 수 있다는 것을 유념하라.

# 3
# 마무리

이제 스토리텔링의 마지막 결론 부분에 대해 얘기할 것이다.

서론, 본론에서 이야기를 잘 끌어갔다면, 결론 부분에서는 그것에 대한 강조와 정리를 하는 것이 중요하다.

"사랑"이라는 주제를 갖고 도입부에서는 격언을 본론에서는 에피소드로 이끌어 나갔다면, 결론은 도입부를 한 번 더 강조해 "그래서 사랑은 아름다운 것입니다." 또는 "여러분도 예쁜 사랑을 하세요." 아니면 "저도 이제부터는 사랑을 찾겠습니다."라고 강조와 부연설명을 하는 것이다.

이때 중요한 점은 서론과 본론의 취지에 어긋나는 즉, 다른 방향의 이야기를 해서는 안 된다는 점이다.

그러면 실컷 도입부, 본론에서 얘기했던 것들이 모두 물거품이 되어 오히려 청중들을 헛갈리게 하게 된다.

가령, '행복'에 대해 서론과 본론에서 여러 가지 명언이나 에피소드를 통해 청중들을 집중시켰는데, 갑자기 결론에서 "우리는 과연 행복해야 할까요?"라고 상황에 맞지 않는 반문을 하거나, "그래서 우리는 돈을 벌어야 합니다."라고 얘기하면서 앞에서 얘기했던 것과는 조금은 어이없는 이야기로 마무리 한다면, 청중들은 혼란을 겪게 될 수 있다.

결론 부분에서 주위를 환기시키거나 자신의 주장을 내세우는 것도 좋은 방법이다.

'행복'이라는 주제로 서론, 본론을 이끈 후 결론부분에서 "여러분들은 과연 행복하십니까?"라고 되묻는다면 청중들은 곰곰이 생각해 볼 수 있는 좋은 고민거리를 갖게 될 것이다.

또는 "행복이라는 것이 무엇일까요? 우리가 한 번 더 생각해 본다면 행복을 만드는 것도 불행을 느끼는 것도 어쩌면 우리 자신의 문제라고 생각합니다. 동상이몽이라는 말이 있듯이 시각에 따라서 그것을 느끼는 방향이 다르다는 것이죠. 그래서 '행복은 우리가 느끼기 나름이다.'라고 말씀드릴 수 있습니다."라는 자신의 주장을 펼치는 것이다.

또는 여러 가지 통계나 자료를 요약함으로써 자신의 생각을 일목요연하게 정리를 하는 것도 하나의 좋은 스토리텔링 결론 방법이다.

예를 들어, '기초생활 수급노인'에 대한 도입부, 본론을 거쳐 얘기를 하면서 "통계청에 의하면 우리나라 기초생활 수급노인이 현재에 40만 명에 육박하고 있습니다. 이는 심각한 사회문제를 야기할 수 있습니다. 정부, 시민단체를 비롯해 이것은 우리 모두의 문제라고 생각하며 함께 머리를 모아 해결책을 반드시 찾아야 합니다." 등의 결론방식이다.

마지막으로 사자성어나 명언으로 마무리하는 것도 또 다른 방법이다.

예를 들어, '나눔'에 대한 얘기를 한참 하고나서, "백지장도 맞들면 낫습니다." 또는 "십시일반의 중요성을 새삼 느끼게 됩니다." 등의 명언이나 속담 등으로 요약하면 쏙쏙 귀에 들어올 수 있다.

또는 '친구'에 대한 얘기의 마무리로써 "오래된 친구는 숙성된 와인과 같습니다." 또는 "인생에 있어 진실한 친구가 한 명만 있어도 성공한 인생이라 할 수 있습니다."

따라서 그러한 인상적이고 매력적인 전개를 하려면, 다양한 경험과 책을 통해 배경지식을 풍부하게 만드는 것이 무엇보다 중요하다.

그리고 상황에 맞게 청중들에 맞게끔 적합한 결론을 얘기하는 것도 좋은 스토리텔링의 방법이다.

# 4 스토리텔링 유형

스토리텔링은 핵심적으로 6가지로 분류할 수 있다.

**방법**

1. 전제 – 구체적 전개 – 결론(A – B – C)
2. 문제제기 – 반증 – 결론(Q – B – C)
3. 낯설게 하기 – 전개 – 결론(U – B – C)
4. 결론 – 근거 – 강조(C – B – C)
5. 대전제 – 소전제 – 결론(3단 논법)
6. 정 – 반 – 합(변증법)

1~4번까지는 설명의 방식이고 5~6번은 논증의 방식이다.

설명은 상대방에게 어떤 말을 쉽게 이해시키기 위함이고 논증은 논리적으로 증명을 하는 방식이다. 따라서 6가지 방식을 외워서 기계적으로 활용하는 것보다 환경에 따라서 적재적소에 맞는 방식을 사용하는 것이 중요하다.

스토리텔링의 6가지 방식을 하나하나 설명해보자.

## A. 첫 번째 유형 : 전제 – 구체적 전개 – 마무리

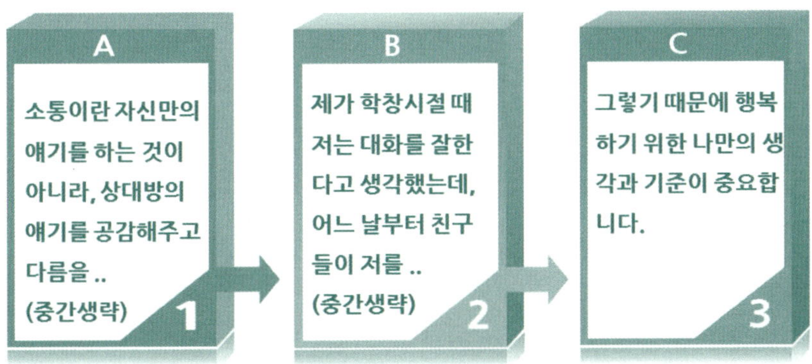


"소통이란 자신만의 얘기를 하는 것이 아니라, 상대방의 얘기를 공감해주고 다름을 인정할 때 생기는 것이라 생각합니다. 제가 학창시절 때 저는 대화를 잘한다고 생각했는데, 어느 날부터 친구들이 저를 기피하는 것을 느꼈습니다. 그래서 한 친구에게 넌지시 그 이유에 대해 물어보니, "넌 너무 일방적으로 너의 얘기만하고 상대방의 얘기를 들어주지 않아."라는 말에 충격을 받고 소통에 대해 다시 한 번 생각을 한 계기가 되었습니다."

이 유형은 어떻게 보면 가장 기본적인 스피치의 형태라고 볼 수 있다. 먼저 전제 부분은 소개형태나 사실로 얘기를 이끈다. 이때 주의해야 할 점은 자연스럽게 본론과 마무리로 이어질 수 있는 도입부가 되어야 한다는 것이다. 이 형태에서 가장 중요한 것은 일관성이다. 그렇기 때문에 청중에게 자연스럽게 어필할 수 있는 도입부를 생각하는 것이 중요하다.

전제가 마련되었다면 다음은 본론부분이다. 이 유형에서 가장 좋은 본론의 형태는 에피소드이다. 에피소드란 자신의 경험이나 타인의 경험과 예를 통해 전개를 하는 방법인데 청중에게 어필을 하려면 자신의 경험을 사실적으로 묘사나 설명을 하는 것이 좋다.

마무리는 에피소드를 통해 느낀 것을 통해 어떤 것을 느꼈는지를 도입부와 본론에서 얘기한 것을 자연스레 연결해야 한다.

### B. 두 번째 유형 : 문제제기 – 반증 – 마무리

두 번째 유형은 어떻게 보면 상당히 자극적일 수가 있다. 그렇기 때문에 청중들이 솔깃할 수도 있지만 자칫 직설적이거나 도전적으로 보일 수가 있기 때문에 그러한 점을 유념해야 한다. 또한 이 유형은 촌철살인과 같은 스토리전개가 필요하다. 즉 처음에는 청중의 호기심을 자극할만한 문제제기를 해야 하고 본론과 결론으로 갈수록 그 긴장을 완화시켜 청중을 내 편으로 만드는 방법이다.

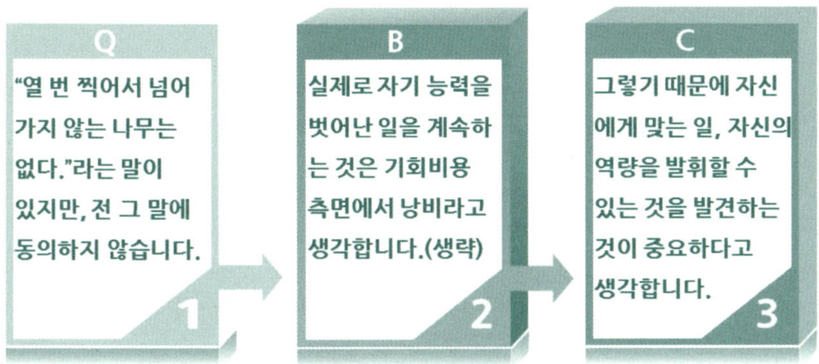


먼저 도입부에서 문제제기를 한다. 문제제기라는 것은 기존의 어떤 사실이나 개념에 대해 말 그대로 질문이나 문제를 야기하는 방법이다. 가령, "'모든 사람에게 친절해야 한다.'라는 말이 있지만 저는 그 말에 동의할 수 없습니다." 또는 "'백지장도 맞들면 낫다.'라는 말이 있지만 백지장을 너무 많은 사람이 들면 찢어질 수도 있습니다."라고 말하는 방식이다.

본론 부분에서는 문제제기를 한 부분에 대한 증명을 해야 한다. 가령, '모든 사람에게 친절해야 한다.'라는 말에 문제제기를 했다면 본론에서는 '모든 사람에게 친절하기 보다는 자신의 가족 그리고 지인들에게 더 잘하는 것이 낫다'.라는 식의 증명이다.

결론 부분에서는 도입부에서 왜 문제제기를 할 수 밖에 없었는지에 대한 당위성을 얘기함으로써 청중을 자연스럽게 설득해야 한다. 이때 주의할 점은 도입부 - 본론 - 마무리로 이어지는 부분이 논리적으로 이해가 되도록 자연스럽게 이어져야 한다는 점이다. 그렇지 않으면 청중을 절대 설득할 수 없다.

### C. 세 번째 유형 : 낯설게 하기 – 전개 – 마무리

세 번째 유형은 청중에게 질문을 던지거나 궁금증을 유발함으로써 낯설게 하는 방법이다. 이미 청중은 진부하거나 틀에 박힌 스토리텔링에 싫증을 느낄 수 있기 때문에 이러한 방법은 오히려 신선하게 다가갈 수 있다.

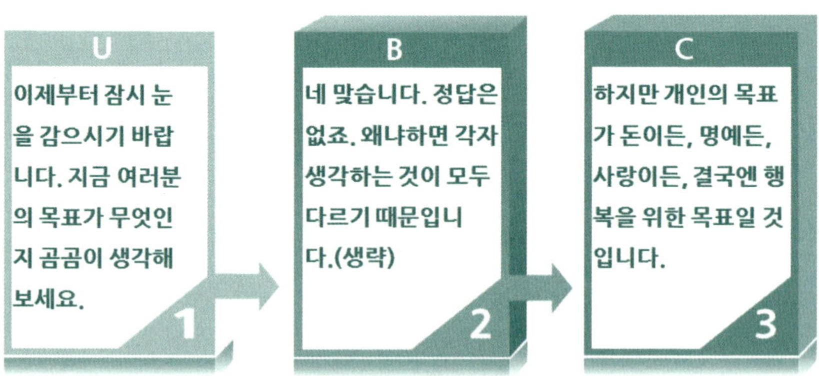

먼저 도입부에서 궁금증을 유발하게 한다. 가령, “자, 제가 이제부터 무엇을 설명하려고 하는지 맞춰보세요.”라고 말해 청중의 궁금증을 유발하게 한다. 또는 “이제부터 조용히 1분간 아무 말도 하지 마세요.”라고 한다면 청중은 ‘왜 그럴까?’라고 호기심을 갖게 된다. 즉 도입부에서 이 방법은 청중의 호기심을 충분히 유발할 수 있도록 하는 것이 중요하다.

본론 부분에서는 낯설게 한 부분에 대한 근거 제시나 전개를 해야 한다. 가령, ‘침묵의 중요성’에 대해 전달을 하고자 청중에게 1분간 말을 하지 말라는 얘기를 했을 때는 그 이유에 대해 충분한 논리를 갖고 얘기를 해야 한다. 가령, “말을 하지 않으니까 답답하죠? 그만큼 말의 소중함을 우리는 잠시 느낀 게 아닐까요?”라는 근거로 주위환기를 했던 이유 또는 낯설게 했던 이유에 대해 전개를 하는 것이다.

결론 부분에서는 도입부와 본론에서 얘기했던 논지의 근거를 가지고 청중에게 인상을 심어줄 만한 마무리를 하는 것이 중요하다. ‘말의 중요성’에 대한 얘기를 가지고 도입부에서 낯설게 하는 방법을 쓰고 본론에서 그것에 대한 근거를 제시했다면 결론에서는 말이 왜 중요한지 그리고 왜 말이 필요한지에 대해 보다 인상적인 이야기로써 결론을 짓는 것이다.

이 방법은 익숙하지 않은 방법으로 청중에게 접근함으로써 청중에게 새로움과 호기심을 불러일으키는데 적합할 수가 있다.

## D. 네 번째 유형 : 결론 – 본론 – 강조

이 유형은 결론을 먼저 제시하는 유형이다.

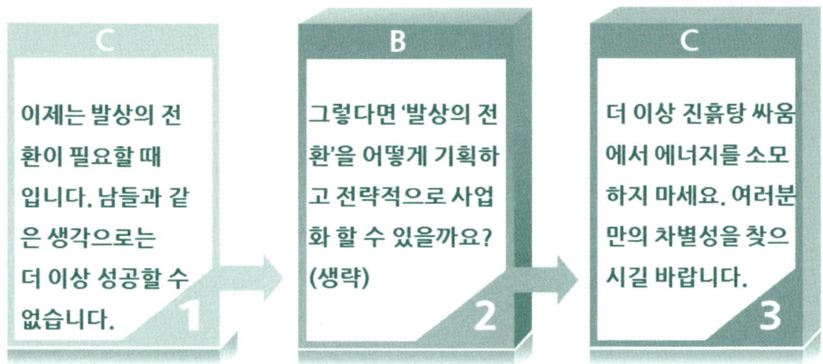


그래서 청중의 귀를 솔깃하게 만드는 것이다. 가령, "지금 우리나라 기초노령연금의 방향은 보편적 복지보다는 선별적 복지시스템으로 가야 한다고 생각합니다. 왜냐하면, 예산문제와 효율성 문제에 있어 기초노령연금의 보편화는 문제가 많다고 생각합니다. 따라서 소득과 재산에 따라 선별적으로 노인에게 연금을 지급하는 방향으로 바뀌어야 합니다."라고 얘기하는 방식이다.

이때 중요한 것은 결론을 내세울 때 그 결론은 신빙성이 있어야 하며, 참신해야 한다. 그래야 대중의 시선을 잡을 수 있다. 또한,

본론에서는 왜 그러한 결론이 나오게 되었는지 또는 그러한 주장을 하는지를 논리적 전개에 근거해서 증명해야 한다.

결론을 증명하는 데 있어서 사실적이지 않거나 일반화, 감정, 흑백논리의 오류가 들어가게 되면 설득력이 떨어지기 때문에 이러한 전개는 특히 그러한 점을 주의해야 한다.

마무리에 있어서는 서론, 본론에서 얘기했던 것을 한 번 더 강조해서 처음 결론을 제시한 것에 대해 흐름을 끝까지 유지해야 한다.

### E. 다섯 번째 유형 : 대전제 – 소전제 – 결론(3단 논법)

이 유형은 연역법의 대표적인 유형인 3단 논법이라 하여 특히 토론이나 설득에서 많이 쓰는 형태이다.

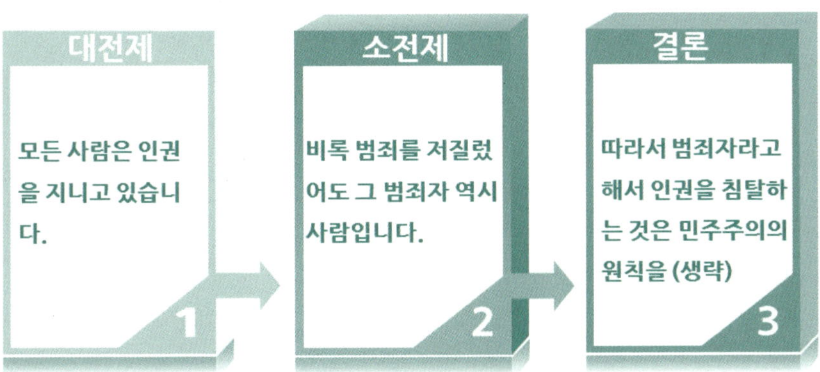

서론에서는 대전제를 제시한다. 여기서 대전제는 보편적인 사실을 얘기한다. 가령, '모든 사람은 죽는다. 아리스토텔레스는 사람이다. 그러므로 아리스토텔레스는 죽는다.'라는 유명한 3단 논법의 예시가 있다. 여기서 '모든 사람은 죽는다.'에 해당되는 부분이 대전제이다. 즉 일반적인 사실, 일반적으로 증명된 전제를 얘기한다.

소전제는 반드시 대전제에 종속되어야 한다. 즉 '아리스토텔레스는 사람이다.'라는 전제는 대전제 즉, '모든 사람은 죽는다.'에 종속되는 전제이다. 그래야 논리가 생기기 마련이다. 가령, '모든 사람은 죽는다. 원숭이는 동물이다. 그러므로 원숭이는 죽는다.'라는 전개를 해 버리면 두 번째 문장 '원숭이는 동물이다.'가 대전제 '모든 사람은 죽는다.'에 포함되지 않기 때문에 논리가 생기지 않는다는 것이다.

마지막으로 결론은 '그러므로 아리스토텔레스는 죽는다.'에 대한 부분이다. 소전제의 주어가 대전제의 서술어로 이어져야 한다. 즉 3단 논법을 간단히 정리하면 A – B, C – A, C – B로 이어져야 한다. 그렇지 않으면 논리가 자연스럽게 생기지 않는다.

이 삼단 논법을 이용한 스토리텔링 예시가 바로 위에서 얘기한 문장이다.

"모든 국민은 자신의 인권을 존중받을 권리가 있습니다. 성범죄자 역시 국민의 한 사람입니다. 따라서 성범죄자 또한 인권을 존중받을 권리가 있는 것입니다."라고 자연스럽게 논리가 생기는 것이다.

## F. 여섯 번째 유형 : 정 – 반 – 합(변증법)

철학자 헤겔이 만든 논법이 바로 변증법이다.

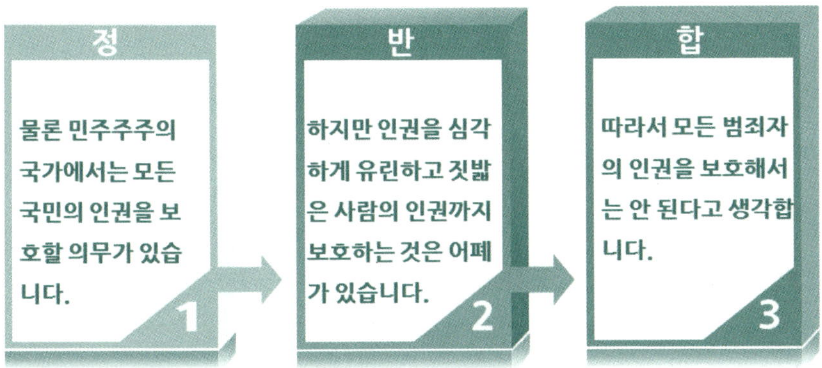


변증법 역시 자기소개나 토론에서 유용하게 쓰일 수 있다. 변증법은 쉽게 말하자면 정 – 반 – 합의 구조로 되어 있다. 여기서 '정'은 말 그대로 올바른 전제나 사실을 얘기한다. 그런데 여기에 반하는 논리가 등장한다. 그것이 '반'이다. 그리고 마지막으로 '합'은 정과 반이 통합을 이루는 것을 얘기한다.

'물론 모든 국민은 자신의 인권을 보장받을 권리가 있습니다.'라는 전제에 해당되는 부분이 '정'이다. '하지만 남의 인권을 침탈한 사람까지 인권을 보장하는 것은 모순이 있습니다.'라고 얘기하는 것은 바른 전제에 반하는 논리이다. 그래서 이 부분을 '반'이라고 하는 것이다. 그렇다면 통합부분 즉 '따라서 성범죄자에게까지 인권을 부여할 권리는 없습니다.'라는 해당 부분이 '합'이 되는 것이다.

여기서 현명한 분은 이런 얘기를 할 수 있다. 그럼 '삼단 논법은 변증법의 논리에 공격을 당할 수도 있고 변증법은 삼단 논법에 허점을 보일 수도 있나요?' 결론부터 얘기하면 '그렇습니다.'이다. 왜냐하면, 논리로 봤을 때 삼단 논법이나 변증법적 논리나 모두 완전하기 때문이다.

다만 그러한 주장을 펼칠 때 누가 더 공감과 설득을 줄 수 있는가가 문제가 될 수 있다. 또한, 지나치게 삼단 논법과 변증법적 논리를 많이 쓰면 '지적 유희'나 '말장난'으로 보일 수도 있기 때문에 이 부분 또한 주의해야 한다.

이처럼 스피치에서는 스토리텔링이 중요하고 특히 이런 다섯 가지 유형을 생각해서 얘기하는 습관을 들이는 것이 좋다.

또한, 자기소개, 면접, 강의, 프레젠테이션 등 스피치의 유형에 따라 어떻게 스토리텔링을 만들어야 할지를 고민해 보는 것이 좋다.

그렇게 스토리텔링 연습을 하다보면 누구나 스피치의 달인이 될 수 있다고 과감하게 말할 수 있다.

# part 3.
# 실전 스피치 훈련

# 1 발음, 억양

발음은 선천적인 부분과 후천적인 부분이 있다. 거의 95%는 후천적인 이유 때문에 발음을 교정해야 한다.

선천적인 부분은 턱이라든가 혀가 유난히 긴 경우, 또는 유난히 짧은 경우를 얘기하는 것이다. 이런 경우는 수술적인 부분으로 고쳐야 한다.

후천적인 경우는 어렸을 때, 발음을 짧게 하거나, 대충 대충해서 생긴 습관성 원인이다.

이러한 경우는, 입모양과 혀의 위치를 제대로 자리 잡는 발음연습을 통해 다시 제자리로 위치시켜야 한다.

그리고 자음과 모음을 또 구별해서 어떠한 부분이 문제인지를 인식하는 것이 중요하다.

### 대부분의 경우 ㅅ, ㅈ 발음이 문제가 된다.

왜냐하면 어렸을 때부터 저 두 발음은 신경 써서 해야 하는데, 편하게 발음하다보니 습관이 되어 혀 짧은 발음으로 고착이 되어 있는 것이다.

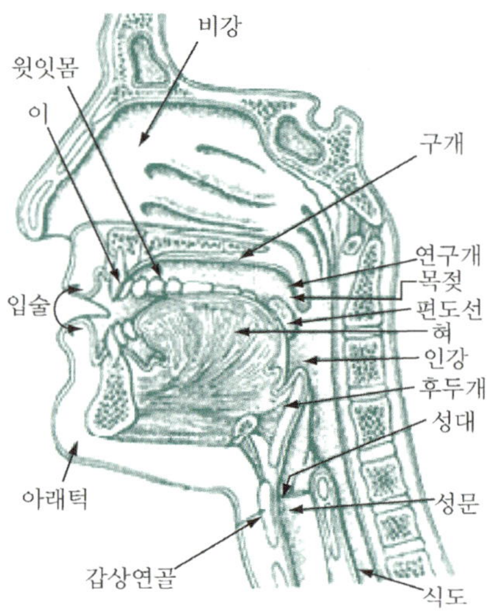


위의 그림과 같이 혀와 치아 그리고 입의 모양에 따라 발음기호가 형성이 된다.

그래서 발음훈련을 할 경우, 아나운서의 정확한 입의 구조를 흉내 내면서 녹음을 하면 자신의 어떤 자, 모음이 정확하지 않은 것인지 파악할 수 있다.

특히 'ㅅ' 자의 경우 치아가 닫힌 상태에서 혀를 정확히 뒤를 빼지 않고 말해서 정확하지 않게 발음이 되는 것이기 때문에, 'ㅅ' 발음 앞에 '으'를 붙여서 '으싸' 발음을 의도적으로 하면 더 정확한 'ㅅ' 자 발음을 할 수 있다.

'ㄹ'의 경우는 혀를 말아서 천정에 붙인 다음 발음을 해야 하기 때문에 발음이 안 좋은 경우는 혀가 말리지 않아서인 경우가 대부분이다.

그렇기 때문에 'ㄹ' 발음 앞에 '을'을 붙여서 '을를' 발음을 하면 된다.

또한 'ㅈ'의 경우는 치아가 닫힌 상태에서 혀를 밑에서 뒤로 보내는 발음이기 때문에 발음이 잘되지 않을 때에는 의도적으로 'ㅈ' 발음 앞에 '은'을 붙여서 '은자' 발음을 내면 된다.

또 안 되는 발음 중에 하나가 이중모음인데 예를 들어, '여' 발음은 'ㅣ'와 '어'를 합해서 내야 하므로 의도적으로 '이어'라고 발음하면 더 정확히 이중모음을 할 수 있다.

그리고 'ㅚ'와 'ㅙ'의 구별 'ㅣ'와 'ㅟ'의 구별도 입모양을 정확하게 해야 분별을 할 수 있기 때문에, 발음을 할 때는 입을 크게 벌리고 연습을 해야 한다.

이것은 마치 씨름선수가 모래주머니를 차다가 모래주머니를 빼면 날아가는 듯한 느낌과 마찬가지로 입을 크게 벌리면서 연습을 하다보면 자연스럽게 발음이 자연스러워질 때가 있다.

매일 연습을 통해 정확한 입의 모양과 혀의 위치를 자리 잡으면서 연습을 한다면 누구나 분명 정확한 발음을 하실 수 있을 것이다.

다음은 표준어를 쓰는 방법에 대해 알아보자.

사투리는 사실 하루아침에 고쳐지지는 않는다. 그렇기 때문에 매일매일 연습과 훈련을 하는 것이 중요하다. 신문이나 짧은 소설 등을 자꾸 읽어 보는 것이다.

이때 주의할 점은 자신의 소리를 꾸준히 녹음해 보고 들어봐야 한다.

또는 친한 친구가 있으면 자신의 소리를 들려줘서 교정을 해 나가야 한다. 그렇지 않으면, 어디가 잘못됐는지, 무엇을 바꿔야 하는지를 알 수가 없다.

중이 자기 머리를 깎지 못하듯이 사투리는 반드시 자기가 아닌 다른 사람 또는 녹음을 해서 듣는 것이 지름길이다. 그리고 뉴스 등 정확한 발음을 지닌 아나운서의 발음을 따라하다 보면, 처음엔 힘들겠지만, 어느새 자신도 모르게 발전하고 있다는 것을 느끼게 될 것이다.

예전에 학원에서 어느 학생이 사투리를 쓰면서, "선생님 저는 왜 사투리가 고쳐지지 않을까요?"라고 질문을 한 적이 있었다.

그래서 "하루에 얼마나 사투리를 고치기 위해서 연습을 하며, 어떻게 고치고 있니?"라며 되물어 보았다. 그랬더니 "일주일에

두세 번 삼십분 정도 연습을 하고, 신문을 읽어요."라고 대답 했다.

하루에 삼십분을 연습을 하고 신문을 읽는 것은 좋은 연습이다. 하지만 그것은 매일 얼마나 구체적으로 하는 가가 관건이다.

**사투리를 고치는 것은 영어를 공부하는 것과 매우 흡사하다.**

우리가 네이티브가 아니고, 영어권 나라에서 태어나지 않은 이상, 매일매일 연습을 할 수밖에 없다. 그렇지 않으면 다시 원래대로 돌아가기 때문이다. 그리고 매일매일 읽고 듣고 쓰기를 반복해야 종합적으로 영어가 늘기 시작하듯이, 사투리도 마찬가지이다. 매일 매일 신문을 읽고 아나운서의 발음을 듣고, 자신이 직접 녹음해 보고 해야 서서히 늘기 시작한다.

이때 주의할 점은 친구나 주변사람과 얘기할 때도 사투리를 쓰면 안 된다는 것이다.

영어를 잘하려면 영어를 쓰는 환경에 자주 노출해야 하듯이 사투리를 안 쓰려면 표준어를 쓰는 환경에 자주 노출해야 하는 것이다.

그렇게 하다보면 어느새 표준어를 쓰게 되는 스스로를 발견하게 될 것이다.

다음은 발음연습표이다.

- 가갸거겨고교구규그기
- 나냐너녀노뇨누뉴느니
- 다댜더뎌도됴두듀드디
- 라랴러려로료루류르리
- 마먀머며모묘무뮤므미
- 바뱌버벼보뵤부뷰브비
- 사샤서셔소쇼수슈스시
- 아야어여오요우유으이
- 자쟈저져조죠주쥬즈지
- 차챠처쳐초쵸추츄츠치
- 카캬커켜코쿄쿠큐크키
- 타탸터텨토툐투튜트티
- 파퍄퍼펴포표푸퓨프피
- 하햐허혀호효후휴흐히

- 경찰청 쇠창살 외 철창살, 검찰청 쇠창살 쌍 철창살
- 김서방네 지붕 위에 콩깍지가 깐 콩깍지냐 안 깐 콩깍지이냐?
- 깊은 산속 부엉이는 부엉부엉 하고 깊은 계곡 꾀꼬리는 꾀꼴 꾀꼴
- 깐 콩깍지나 안 깐 콩깍지나 콩깍지는 다 콩깍지인데
- 꿀꿀이네 멍멍이는 꿀꿀꿀 하고 멍멍이네 꿀꿀이는 멍멍멍 하네
- 내가 그린 그림은 구름그림이다.
- 눈이 오는데 눈에서 물이 흐르니 이게 눈물인가 눈물인가?
- 니 붕어 알이 크냐 내 붕어 알이 크냐.
- 다람 다람 다람쥐 알밤 줍는 다람쥐 보름 달밤에 알밤 줍는 다람쥐
- 다우네 외가는 외 중에 있고, 다우네 외숙모는 윗마을에 있다.
- 담임 선생님의 담당과목은 도덕 담당이고 담임 닮은 담임선생님의
- 단골집 담 큰 주인은 닭장에서 닭 모이를 주는 게 그의 취미이다.
- 대한관광, 대한관공공사, 대한관광공사 공무원

- 두리 뭉실 두리 뭉실 감자 같은 내 엉덩이
- 들의 콩깍지는 깐 콩깍지인가 안 깐 콩깍지인가?
- 똘똘이네 똑똑이는 똘똘하고 똑똑이네 똘똘이는 똑똑하다
- 뜰에 콩깍지 깐 콩깍지인가 안 깐 콩깍지인가?
- 라디오는 랄라라라 노래하고, 나는 랄라라라 춤을 춰요.
- 라일락 꽃 같은 라이안의 처녀들이 랄라라라 랄라라라 춤을 춥니다.
- 마차는 덜컹덜컹 우차느 삐그덕 삐그덕
- 버스 타고 꼬부랑길을 꼬불 깽깽 꼬불꼬불 뱅뱅 돈다.
- 봄 꿀밤 단 꿀밤, 가을 꿀밤 안단 꿀밤
- 사람이 사람이면 다 사람이냐 사람이면 사람구실을 해야 사람이지
- 상표 붙인 큰 깡통은 깐 깡통인가? 안 깐 깡통인가?
- 새장 속에 흰 꼬리 새는 새 장사를 싫어한다.
- 서울특별시 특허 허가 과 허가과장 허 과장

- 저기 저 콩깍지가 깐 콩깍지냐? 안 깐 콩깍지냐?
- 조달청, 조달청 청사, 조달청 청사 창살, 조달청 창살 쌍 창살
- 중앙청 창살은 쌍 창살이고 시청의 창살은 외 창살이다.
- 찹쌀떡 떡방아는 덩더쿵 떡방아, 멥쌀 떡 떡방아는 쿵더쿵 떡방아
- 키가 큰 코끼리가 쿨쿨 코를 골며 자고 있는데 쿵쿵쿵 큰 소리를 내며 코뿔소가 키 작은 코알라에게 다가갔어요. 키 작은 코알라는 콩콩콩 가슴이 뛰었지요.
- 탱글탱글 오렌지를 톡 터뜨리면 새콤달콤 오렌지 주스가 되지요.
- 포도밭에서 먹는 포도는 포도향기가 퐁퐁 풍기고 포장마차에서 먹는 파전은 파 냄새가 팡팡 풍긴다.
- 하늘의 하얀 구름은 요술쟁이 인가봐. 하마도 되고 호랑이도 되고 해님도 하하하 웃고 있네요.
- 한양 양장점 옆에 한영 양장점, 한영 양장점 옆에 한양 양장점
- 항만청, 항만청 청사, 항만청 청사 쇠창살이

매일매일 하루 10분정도만 투자해서 자신의 소리를 녹음해서 들어보기도 하고, 또한 어떤 발음이 안 되는 지 체크하면서 연습을 한다면 발음이 몰라보게 좋아질 것이다.

# 2
# 소리

스피치를 하는 데 있어 소리의 역할은 매우 중요하다. 시각적인 것과 더불어 청각적인 부분이 기억에 남기 때문이다.

소리에 관한 리서치에 의하면, 사람이 말할 때 내용만큼 중요한 것이 억양과 말의 템포 등의 청각적 기호라고 한다. 즉, 화자가 어떤 내용을 말하는가도 중요하지만, 어떻게 얘기를 했는가는 그것 못지않게 의미를 차지한다는 것이다.

면접, 자기소개, 강의, 사회를 볼 때 청중의 귀에 즐겁게 하기 위해서는 안정적이면서도 매력적인 음성과 피치로 얘기하는 것이 중요하다.

**그럼 신뢰감이 있으며 매력적인 음성을 어떻게 만들 것인가? 그 해답은 '복식발성'에 있다.**

'복식발성'은 횡격막을 자극해서 소리를 내는 것이다. 일반적으로 우리가 소리를 낼 때는 성대만을 사용해서 소리를 내는데, 이것은 마치 악기의 원리와 같다.

기타를 연주할 때 소리를 울려주는 부분이 깊지 않으면 울림이 좋은 소리가 나올 수 없듯이 가슴만으로 즉, 흉식호흡으로 소리를 내면 당연히 소리의 울림이 적기 때문에 안정적인 소리가 나올 수 없다.

그에 반면 복식발성을 이용하게 되면, 소리가 깊고 울림이 생기기 때문에 안정적이면서 매력적인 음성을 전달할 수 있는 것이다.

그럼 복식발성을 하게 하는 '횡격막'에 대해 알아보자. 먼저 횡격막의 위치이다.

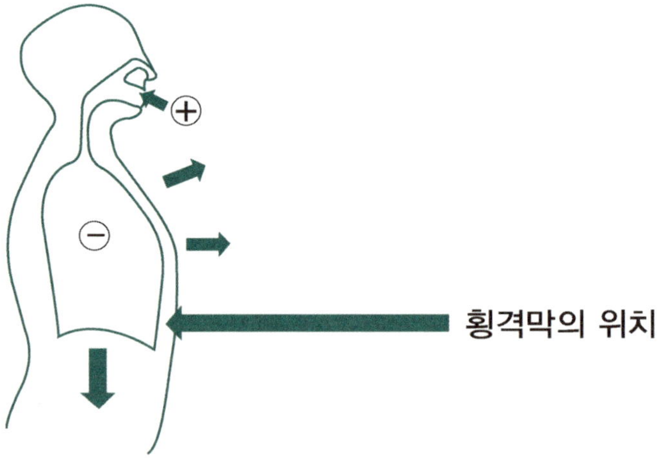

그림에서 볼 수 있듯이, 가운데 창자를 둘러싸고 있는 얇은 막이 바로 '횡격막'이다.

이 부분을 늘려주려면, 호흡을 들여 마시고 내뱉는 훈련을 해야 한다.

이것은 마치 풍선효과와 같다.

풍선을 불 때 공기가 들어오면 풍선이 커지는 것처럼 공기가 신체에 들어왔을 때 횡격막을 늘리고 소리를 내뱉을 때 마치 펌프질처럼 배를 당겨서 소리를 내면 '복식발성'의 효과를 얻을 수 있다.

**매력적인 소리를 내기 위해서는 '복식발성'으로 소리연습을 하는 것이 중요하다.**

왜냐하면, 울림이 있는 소리는 청중들에게 안정적으로 전달이 될 수 있고, 특히 사람이 많을 때 빛을 발휘할 수 있기 때문에 복식발성은 매우 중요하다.

하지만 배우들이나 성악가들의 평소소리 자체에 울림이 있는 것은 일부러 그렇게 소리를 내는 것이 아니라, 자연스레 훈련이 된 것이다.

그렇기 때문에 실제 면접이나 강의 등의 발표에서 복식발성을 하면 개그맨 박명수씨처럼 '호통개그'가 될 수 있다. 즉, 평소 하루에 10분정도의 훈련을 통해 자연스럽게 안정된 소리를 만들라는 것이다.

복식발성만큼 중요한 소리의 부분 중 하나가 '피치'이다. '피치'는 바로 음의 높낮이다.

똑같은 음으로 소리를 낸다면, 청중은 지루함을 느낄 수밖에 없다. 소리의 피치는 음악으로 비유할 수 있다.

음악의 종류에는 클래식도 있고, 재즈, 힙합, 일렉트로닉 등 다양한 장르가 있다. 스피치에서의 주제가 가사라면 스피치에서의 소리는 바로 음악의 악기와 장단 리듬에 해당된다.

아무리 가사가 좋아도 음이 일정하거나, 리듬의 변화가 없다면 지루할 수밖에 없다. 그렇기 때문에 소리의 톤, 그리고 길이, 억양 등을 마치 음악의 연주처럼 표현하는 것이 중요하다.

그렇기 때문에, 같은 내용을 여러 가지 음으로 얘기함으로써, 지루하지 않고 생동감 있게 전달할 수 있는 훈련이 필요하다. 피치훈련은 화술훈련에서 자세히 언급할 것이다.

# 3

# 화술

**스피치의 내용을 음식의 재료에 비유한다면, 표현은 곧 음식의 양념에 해당한다.**

사람의 오감은 이미 리듬과 템포에 익숙해져 있다. 지구의 자전과 공전, 사계절의 변화 등에서 볼 수 있다시피, 우리는 생활에 리듬이고 그 리듬은 어머니의 뱃속에서부터 느껴온 것이다.

따라서 말에 있어서도 리듬과 템포가 없는 것은 파도 없는 바다와 마찬가지로 지루하기 그지없게 된다.

**바로 이 말의 '리듬과 템포'가 화술에 해당한다.**

보고서나 직장에서 프레젠테이션을 할 때는 강약과 강조를 동원한 신뢰감을 주는 화법, 생동감을 주는 자리에 있어서는 고저와 빠르기를 활용한 화법, 즉 말하는 환경에 따라 적재적소의 화법을 활용하는 사람이 매력적으로 화법을 구사하는 사람이다.

1. 음의 고저와 빠르기는 생동감과 재미를 더함
2. 음의 강약과 강조는 신뢰감과 감동을 전함
3. 말하는 환경에 따라 적재적소의 화법

그렇다면 말을 할 때 리듬과 템포는 어떻게 만들어 가는 것일까? 음악을 연상하면 된다. 재밌게 그리고 인상적으로 말하는 사람들의 특징을 들여다보면 인상적인 리듬이 있다. 예컨대 "우리는 행복해야 할 권리가 있습니다. 행복 없는 삶은 마치 의미 없는 삶과 같기 때문입니다"라는 연설을 할 때, 어디서 강조가 되어야 할지, 그리고 어떤 부분을 세게 말할 것인지, 어떤 말에 높낮이를 둘 것인지를 연습해 나가는 것이죠.

**즉, 리듬과 템포는 음의 높낮이, 음의 강약, 음의 장단, 음의 빠르고 느리기 등으로 표현될 수 있다.**

"사람은 누구나 행복을 추구합니다."라는 말을 갖고 실전 리듬과 템포훈련을 해 보자.

먼저 높낮이 훈련이다.

사람은 누구나 행복을 추구합니다.

'사람은'을 올린다. 그리고 '누구나'를 내린다. 그리고 '행복을 추구합니다.'를 천천히 얘기한다. 그럼 음의 높낮이가 생기면서 자연스레 강조가 될 수 있다.

사람은 누구나 행복을 추구합니다.

이번에는 '행복을 추구합니다.'를 올린다. 그럼 '행복을 추구합니다.' 부분을 더 주목할 수가 있다.

강약도 마찬가지이다.

사람은 누구나 행복을 추구합니다.

'사람은 누구나'를 강하게 얘기한다. '행복을 추구 합니다.'를 약하게 얘기한다.

그럼 '행복을 추구 합니다.'라는 말에 임팩트가 실린다.

사람은 누구나 행복을 추구합니다.

이번에는 '누구나'만을 강하게 얘기하고 나머지를 약하게 얘기한다. 그럼 '누구나'라는 말이 상대적으로 더 힘이 실리게 된다.

다음은 '빠르기와 느리기' 훈련이다.

행복해서 웃는 것이 아니라 웃기 때문에 행복할 수 있습니다. 라는 문장을 가지고 연습해보자.

행복해서 웃는 것이 아니라 ⬆
웃기 때문에 행복할 수 있습니다.⬇

'행복해서 웃는 것이 아니라'를 천천히 점점 빠르게 얘기하고 '웃기 때문에 행복할 수 있습니다.'를 점점 느리게 얘기한다.

행복해서 웃는 것이 아니라 ⬇
웃기 때문에 행복할 수 있습니다.⬆

이번에는 반대로 '행복해서 웃는 것이 아니라'를 느리게 얘기하고 '웃기 때문에 행복할 수 있습니다.'를 빠르게 얘기해 본다.

눈치가 빠른 분은 눈치를 챌 수도 있었겠지만, 반드시 음이 높게 올라가고 빠르게 얘기하고 강하게 얘기한다고 해서 강조가 되는 것은 아니라는 것이다. 즉, 감정을 어디에 싣고 어떻게 느낌을 주느냐에 따라서 오히려 음이 낮게 내려가고 천천히 얘기하고 약하게 얘기하는 부분이 더 강조가 될 수도 있다는 점을 유념하라.

> 행복해서 웃는 것이 아니라
> 웃기 때문에 행복할 수 있습니다.

이 부분을 얘기함에 있어 '행복해서 웃는 것이 아니라'를 얘기하고 2초나 3초의 '쉼'을 갖고 다음 문장을 얘기해 보아라.

그럼, 뒤에 문장에 커다란 임팩트가 될 수 있다. 즉 '쉼'은 화술에 있어서 커다란 힘을 발휘한다. 어렸을 때를 생각해 보라. 학생들이 말을 안들을 때 선생님이 처음에는 교탁을 탁탁치다가 큰 소리로 "조용"이라고 외친다. 그래도 말을 안들을 때는 가만히 계신다. 그럼 아이들이 조용해진다. 이것이 바로 '쉼'의 효과다.

화술에서 '쉼'을 적절히 활용할 때 너무나 매력적인 화술을 할 수가 있다. 덧붙여서 얘기하면 먼저 얘기한 강함과 빠름과 높음의음 대신 약함과 느림과 낮음을 오히려 역발상으로 활용하고 거기에 '쉼'을 적재적소에 활용한다면 당신도 화술의 대가가 될 수 있다는 것이다.

화술의 대가는 오히려 후자 쪽을 많이 선택한다. 왜냐하면 우리의 귀는 익숙한 것보다 신선한 것에 더 자극이 되기 때문이다.

이것이 바로 명사들이 사용하는 화술의 리듬과 템포의 기술이다.

# 4
# 호흡

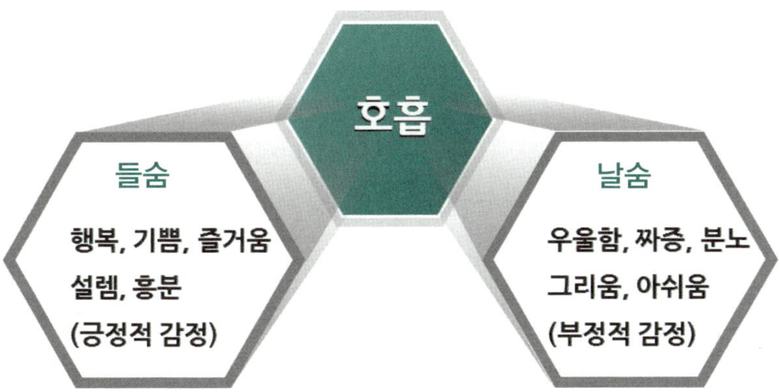


감정을 표현함에 있어 가장 중요한 부분은 호흡이다.

여기서 호흡은 들숨과 날숨으로 구성할 수 있는데, 들숨은 주로 행복, 환희 등의 긍정적인 감정에서, 날숨은 우울함, 분노 등의 부정적인 감정에서 사용된다.

호흡은 상당히 연기적인 부분이 있어 어려울 수도 있다고 생각하지만, 충분히 연습을 통해 스피치에서의 스킬로 사용될 수 있다.

자, 실전훈련을 해보자.

"왜 우리는 이렇게 살아야 할까요?"라는 말을 할 때, 호흡을 먼저 한꺼번에 들이 마시고 천천히 내뱉으면서 말을 호흡에 실어 얘기한다.

그럼, 흥분을 참는 것처럼 보인다.

이번에는 호흡을 격하게 들이 마셨다가 내뱉는다. 그럼 격정적인 강조로 보이게 된다. 이때 중요한 점은 인위적으로 보이지 않게, 충분히 내적인 감정이입을 해야 한다는 것이다.

호흡을 천천히 들이 마시느냐 아니면 빨리 마시느냐 그리고 호흡을 천천히 내뱉느냐 빨리 내뱉느냐에 따라 감정의 변화를 표현할 수 있다.

긍정적인 감정 즉, '행복', '기쁨', '즐거움' 등은 주로 호흡을 들이마시면 생긴다. 특히 '웃음'의 경우 빨리 호흡을 들이마시고 내뱉는 것을 반복하면서 소리를 실으면 된다.

부정적인 감정 '우울', '짜증', '분노' 등은 호흡을 내뱉으면 쉽게 감정이 생긴다. 특히 정적인 감정 '우울', '그리움', '불쌍함' 등은 호흡을 천천히 내뱉고, '분노'나 '짜증'은 호흡을 빠르게 내뱉으면 그러한 감정이 생긴다.

이때 호흡량에 따라서도 의미가 달라질 수 있다.

강한 강조를 할 때는 호흡을 크게 마신 후 그 호흡을 그대로 내뱉으면 매우 강하게 표현이 될 수 있다. 그리고 호흡을 조금만 마시고, 그 호흡을 끝까지 다 쓰면 의미 있게 말이 들릴 수 있다.

**이처럼 호흡의 양과 호흡의 속도에 따라 감정의 다양한 표현을 할 수 있게 된다.**

방법을 천천히 실행에 옮겨보라. 그리고 반복적으로 해보라.

# 5
# 감정

스피치에 있어 감정은 생동감을 넣어주는 중요한 요소이다. 또한, 감정과 같은 비언어는 상대방의 감성을 자극할 수가 있다. 우리가 누군가를 만났을 때 그 사람이 하는 말을 기억하는 것보다 말을 할 때의 그 사람의 행동과 표정이 더 인상에 남는다.

그만큼 비언어적인 표현이 언어적 표현보다 더 생생하게 전달될 수가 있다. 그렇기 때문에 그 사람의 논리력이 아무리 좋아도 비언어적인 표현이 약하면 절대로 상대방을 설득할 수가 없다.

비언어적인 표현의 핵심은 바로 '감정표현'이다. 말을 할 때 표정과 감정을 그 대화에 맞게 풍부하게 표현한다면 생생한 전달이 될 수가 있다.

그렇다면, 감정 표현을 연습해 보자.

가령 "우리가 어떻게 하면 행복할 수 있을까요?"라는 말을 한다고 생각했을 때, 이 말을 어떻게 표현하면 좀 더 생동감이 있을까?

먼저 어디를 강조할지를 생각해야 한다.

지난 시간에 말한 것처럼 "행복"을 강조할지, "어떻게 하면"을 강조할지, 또는 "우리가"를 강조할지에 따라 느낌은 다르게 표현이 된다.

이러한 화술적인 방법 외에 감정표현 역시 말에 생동감을 넣어줄 수 있는 좋은 요소다.

흥분하며 말을 할 것인지, 차분히 말을 할 것인지에 따라 그 느낌은 현저히 다를 수 있다.

가령 격양되게 강조한다면 분위기가 조용해지면서 긴장된 상태에서 화자의 얘기를 들을 것이고, 차분히 아주 천천히 얘기를 한다면 숨을 죽이면서 얘기를 듣게 될 것이다.

그리고 "우리가 어떻게 하면"을 차분히 얘기하고 그 뒷부분 즉, "행복할 수 있을까요?"를 흥분상태로 힘을 주어 얘기하면 청자들에게 분명한 의미를 실어줄 수 있다.

**이처럼 감정은 말에 생동감을 불어넣는다. 그리고 감정은 호흡과 밀접한 연관이 있다.**

사람이 표현하는 감정은 총 108가지 정도가 있다.

그리고 간단히 '긍정적 감정'과 '부정적 감정'으로 나눌 수 있다.

행복, 기쁨, 쾌락, 환희 등의 감정은 '긍정적 감정'이고 짜증, 분노, 우울함, 슬픔, 오열 등은 '부정적 감정'에 포함된다.

스피치를 할 때 무미건조 한 것보다 이처럼 다양한 감정을 섞어서 표현하면 훨씬 생동감 있는 표현이 될 수 있다.

자, 실전 감정연습을 해 보자.

처음에는 낯설지만 기쁨, 환희, 우울, 분노, 슬픔, 행복 등의 다양한 감정으로 '안녕하십니까?' 라는 말을 해 보는 것이다.

그리고 점점 내용을 길게 하면서 즉 "안녕하십니까? 이 자리에 참석해 주셔서 감사드립니다. 저는 오늘 여러분들께 하고자 하는 이야기가 있어서 나왔습니다. 바로 '소통'입니다." 이 문장 안에 처음엔 웃음과 우울함, 그리고 웃음, 흥분, 차분함 등으로 감정을 늘려나가는 것이다. 그리고 처음엔 감정을 천천히 변화시켜 보다가 익숙해지면 빠르게 감정을 바꿔본다.

다시 말하면 '안녕하십니까? 이 자리에 참석해 주셔서 감사드립니다.'를 웃으며 얘기하고 '저는 오늘 여러분들께 하고자 하는 이야기가 있어서 나왔습니다.'를 차분히 얘기한다. 그리고 '바로 소통입니다.'를 힘을 주어 얘기한다.

또한 반대의 감정으로도 이야기를 해 보고 다양한 감정으로도 얘기해 보는 것이다. 처음에는 당연히 어색하겠지만, 연습을 통해 그 부자연스러움은 자연스런 표현으로 채워질 수 있다.

다음은 감정을 표현하기 좋은 남녀 영화, 연극 대사를 모아보았다.

집에서 혼자 연습하면서 영화나 연극의 주인공처럼 자꾸 따라 하다

보면 어느새 감정표현이 늘어있는 스스로를 발견하게 될 것이다.

다음은 감정표현 연습을 하기 위한 남녀대사를 모아보았다.

먼저 영화 '건축학개론'에서 납득이 역할과 '미녀는 괴로워' 하나 역할에 대해 감정을 어떻게 하는지 자세히 설명해 보았다. 이것을 참조해서 나머지 대사들도 연습을 하면 많은 도움이 될 것이다.

### 『건축학 개론』 중에서, 납득이 – 영화

딱 다가가.(과감히) 딱 다가가. 그럼 걔가 첨엔 무서우니까.(차분히) 뒤로 슬슬 물러난다고.(자신 있게) 그러다 벽에 딱? 부딪히잖아. 그러면 오른손으로 니가 벽을 딱 (조용히) 짚어. (신나서) 그러면 걔가 완전히 쫄아서 (재연하며) "왜에… 그래?" 그런다고 (과감히) 그때 딱! 기습적으로! (승민이 숨 죽인다) (차분히) 아무 말도 않고 그냥 가. 터프하게! (강조) 절대 뒤 돌아보면 안 돼. 뒷모습이 컨셉이야. (도취되어) 남자의 뒷모습. 왠지 쓸쓸해 보이는 그런… (반응) 응? 왜? 너무 함축적이야? (이해) 오케이. 그럼… 딱 한마디만 해. (진심) 널 갖고 싶어! (강조) 딱! 그래. 아니면 더 세게! 도발적으로! (남자답게) 내 아이를 낳아줘! (강조) 딱! 그래.

## 『미녀는 괴로워』 중에서, 한나 – 영화

(미소) 너무 사랑해서 헤어지셨어요?(갸우뚱 하는 숯 검댕)**(차분하게)** 너무 부족한 게 많아서 헤어지셨어요? (무섭기까지 한 미소)**(화를 누르며)** 왜 벌써 헤어지셨어요. 사우나 기구 효과는 직접 눈으로 보셔야지요. **(부드럽게)** 왜 살 빼는 게 싫어서 그러셨어요? 살 빼면 오빠 화낸다. 그러셨어요? **(정색하며)** 차라리 뚱뚱해서 싫다고, 물건이나 좀 팔아달라고, 솔직하게 말씀하시지. **(화가 치밀어)** 사랑하는데 왜 헤어지니 이 자식아! (숯 검댕이를 패기 시작한다)**(억울해서)** 뚱뚱하다고 바보냐, 바보야? 왜 애를 두 번 죽이세요! 이 나쁜 놈아! **(따지며)** 뚱뚱한 게 죄니? 못생기면 사람도 아냐? 벌레야? 호구야? 우리도 여자야!

## ■ 남자 대사모음

### 『달콤 살벌한 연인』 중에서, 대우 - 영화

어떻게 혈액형이 사람 성격하고 관련 있다는 헛소리를 온 나라 여자들이 믿을 수 있는 겁니까? 와인도 혈액형별로 골라 마신대요! 지하철이나 버스에서 여자들 혀 짧은 소리 하는 거 들으면 정말 짜증나지 않나요? 애들도 아니고 대학생 직장인들이 왜 말투가 그 따윈지 모르겠어요. 인터넷이 다 망쳐놨어요! 책을 안 읽으니까! 신문을 사서 안 읽고 포탈 뉴스의 그 연예인 스캔들 기사만 읽고 있으니까! 똑같은 그림, 사진, 또 뭐냐, 사랑이 어쩌고 인생이 어쩌고 하는 시답잖은 글을 어록이랍시고 퍼 와서 한 줄짜리 감상 찍 갈겨 놓고, 지가 인생에 대해 진지하다고 착각해요. (비꼬듯) ㅋㅋㅋ. 너무 감동적이야… 공감한다는… 내가 그런 거 다 맞춰 주면서 유치하게 놀아야 됩니까? 차라리 혼자 지내는 게 낫지. 그렇지 않습니까, 선생님? 제가 이상합니까?

## 『고지전』 중에서, 일영 – 영화

우리 중대는 이 동부전선에 배치되어 미군들로부터 악어중대라는 별명으로 불리게 되었다. 왜 악어인지 아는 사람? (앞에서 군인들이 하나둘씩 망연자실한 표정으로 주저앉는다) 악어는 50개정도의 알을 낳는다. 그중 절반이상이 다른 짐승한테 먹힌다. 그리고 간신히 알에서 나온 새끼악어 대부분이 다른 짐승의 먹이가 되고 고작 한두 마리가 어른악어로 변한다. 근데 말이야… 그 한두 마리가 50개의 알 중에서 살아남은 고작 그 한두 마리가 늪을 지배 한다 그게 악어다! 이게 이 전쟁에 마지막 전투다! 이렇게 전선이 교착된 그 2년 6개월 동안에 50만 명이 죽었다! (주저앉아 있던 군인들 일어섬) 하지만 우리는 살아남았다. 우리가 악어고 우리가 전장을 지배한다! 알겠나? 누가 가장 독한가? 12시간만 버텨라! 살아서 집에 가자.

## 『유리동물원』 중에서, 톰 - 테네시 윌리엄즈

난 어떨 거라고 생각하세요. 참을 수 있을 거라고 생각하세요. 그렇겠죠. 그러실 거예요. 어머닌 내가 하고 있는 일, 내가 하고 싶어 하는 일 따위엔 관심도 없으니까요. 어머닌 중요하게 생각하실지 모르겠지만 난 내가 하는 일이 맘에 들지 않아요. 어머닌 내가 그놈의 창고에 환장한 줄 아세요? 내가 그 양화점을 좋아하는 줄 아세요? 어머닌 내가 거기서 평생을 살 거라고 생각하세요? 베니다판과 형광등만이 달린 그 창고 속에서. 제 말 좀 들으세요. 난 아침마다 그곳으로 출근하는 게 넌덜머리가 나요. 차라리 누군가 쇠망치로 내 골통을 박살내주면 속이 후련하겠어요. 하지만 난 출근을 하죠. 매일 아침 어머니가 내 방에 와서 '일어나서 세수해라. 일어나서 세수해' 소리칠 때마다 난 혼자말로 '죽은 사람은 얼마나 행복할까'라고 말해요. 그렇지만 난 자리에서 일어나 출근을 합니다. 한 달에 65달러를 벌기 위해서 내가 원하는 모든 꿈들을 포기하면서. 그런데도 어머닌 내가 나 자신밖에 모르는 애라구요. 저 좀 보세요. 나 자신만을 생각한다면 난 벌써 아버지가 계신 곳에 가있을 거예요. 닥치는 대로 아무거나 잡아타고 말이에요. 이젠 절 붙잡지 마세요.

■ 여자 대사모음

## 『내 아내의 모든 것』 중에서, 정인 – 영화

최근에 아주 절실히 깨달았어요. 제가 낙천주의자를 혐오한다는 걸요. 세상을 어떻게 낙천적으로만 살 수 있죠? 그건 거짓말이에요. 길들여진… 제가 얼마 전에 친구를 만났는데 교통사고를 당했다는 거예요. 엉덩이부터 발목까지 깁스를 했더라고요. 그런데 그 애 말이. 그래도 이거 운 좋은 거야. 이러는 거예요. 근데 그게 어떻게 운이 좋은 거예요? 세상에 운 좋은 사고가 어디 있어요? 제 말은 왜 세상을 좋게만 보냐는 거죠. 그렇게 큰 사고를 당하면 이렇게 말하는 게 상식 아닌가? "더럽게 재수 없네." 전 불평불만을 입에 달고 사는 사람들이 좋아요. 솔직한 거지. 얼마 전에 삼겹살을 먹으러 갔다가 전 진짜 깜짝 놀랐어요. 간판에 분홍색 여자 돼지가 파란색 앞치마를 두르고 불판에서 춤을 추고 있는 거예요. 불판에서 춤을 추고 있는 돼지가 다 익은 삼겹살을 이렇게 들고 있는 거예요. 전 채식주의자도 아니고 고기 마니아인데요. 그래도 돼지에 대한 예의라는 게 있는 거 아닌가요? 설마 개가 자기 친구들 요리된 걸 보고 '맛있어요. 이쪽으로 오세요.'하면서 춤추면서 꼬시겠어요?

## 『손톱』 중에서, 혜련 - 영화

왜 그렇게 놀래니? 넌 내가 정신병동에서 영원히 썩어 없어질 줄 알았니? 이 나쁜 년… 내가 때 마침 아주 잘 왔구나, 애까지 뱄네? 기분이 어때? 넌 아직도 내가 쓰레기로 보여? 무슨 말? 날 이렇게 짓밟아 놓고도 할 말이 남아있어? 난 더 이상 들을 말이 없어. 이제 남아있는 건 내 손에 죽어 주는 것뿐이야. 고통스럽게, 아주 천천히 말야… 너 저게 뭔지 알아? 기름이야… 저걸루, 니가 뻐기고 자랑하던 이 모든 것들을 싸글히 태워줄꺼야… 그리고 넌 그걸 끝까지 지켜보면서 죽어줘야 해. 이 나쁜 년! 난 널 이렇게 죽이고 싶은 생각이 없다고 했잖아! 난 아직도 너에게 할 말이 남아있어… 처음에 니가 아는 척만 안 했어도 이런 일은 없었을 거야. 왜 그때 날 그냥 가게 내버려두지 않았지? 넌 이 모든 걸 자랑하고 싶었던 거야. 아니긴 뭐가 아냐! 난 널 용서할 수도 있었어. 하지만, 넌 날 끝까지 무시하고 모욕했어. 이 모든 건 다 너 때문이야! 니가 나한테 조금만 양보하고 겸손했어도, 난 이렇게 망가지지 않았을 거야. 세상은… 너무 불공평해…

엄마에게 있어서 나라는 존재는 그저 시간 있을 때 잠깐 가지고 노는 인형에 불과했어요. 내가 귀찮게 굴거나 아파서 칭얼대면 엄만 항상 날 유모나 아빠에게 건네 줬죠. 엄만 아무도 들어갈 수 없는 방에서 혼자 연습만 했고, 그걸 누구도 방해할 수 없었어요. 난 숨을 죽이고 문밖에서 엄마의 연습을 엿듣곤 했죠. 커피를 마시느라고 엄마가 잠깐 연습을 쉬면 엄마란 존재가 정말 현실인지 아니면 내게 있어서 엄마란 그저 꿈에만 존재하는 몽상 같은 것인지 알고 싶어서 몰래 들어다 보곤 했어요. 엄만 늘 마음은 딴 곳에 있으면서도 내겐 친절했죠. 마루에 무릎을 꿇고 앉아 의자에 앉은 엄마를 올려다보곤 했죠. 키가 크고 아름다웠던 엄마를. 그 방은 언제나 신선한 공기로 가득 차 있었고 차양이 드리워져 있었어요. 그리고 밖에는 싱그러운 바람에 초록의 잎새들이 날리고 있었어요. 그림처럼 모든 것이 초록의 연속이었죠. 가끔 우리는 바다 저 멀리까지 노를 저어 나갔었잖아요? 엄마의 길고 하얀 드레스는 앞이 파져서 엄마의 가슴이 들여다보였어요. 엄마의 가슴은 정말 예뻤어요. 맨발에 머리는 굵게 땋아서 올렸었죠. 엄만 물속을 들여다보기 좋아했었죠.

# 6
# 제스처

소리가 청각을 기쁘게 한다면 제스처는 시각적인 기쁨을 주는 것이다.

아무리 연설의 내용이 좋고, 좋은 소리로 말을 했다 하더라도 시각적인 효과를 주느냐 못 주느냐에 따라 말의 감칠맛이 더 어우러지기도 하고 효과가 반감되기도 한다.

제스처는 연사의 말을 손짓과 몸짓을 통해 표현하는 것이다. 이 제스처는 단어에 대한 몸짓, 상황에 대한 몸짓으로 또 나눌 수 있다.

가령, “인생을 행복하게 사는 것은 중요합니다.”라는 주제를 가지고 제스처를 한다면 ‘중요합니다.’를 표현함에 있어서 엄지를 치켜든다거나, 또는 고개를 한 번 끄덕거리는 것을 ‘말 제스처’라고 할 수 있다.

이에 반해 몸 제스처는 "예전에 고속도로에서 차를 운전했을 때, 사고가 날 뻔한 적이 있었습니다."라는 것을 표현할 때 손으로 고속도로에서 차가 쌩쌩 달리는 모양이라든지, 사고가 날 뻔한 장면을 손짓과 몸짓으로 표현하는 것을 '상황에 대한 제스처'라고 할 수 있다.

먼저, 움직임은 기본적으로 직선과 곡선, 정적과 동적인 움직임으로 나눌 수 있다.

직선의 움직임은 평행선, 대각선, 네모 등의 형태로 표현할 수 있다.

실전연습으로 들어 가보자.

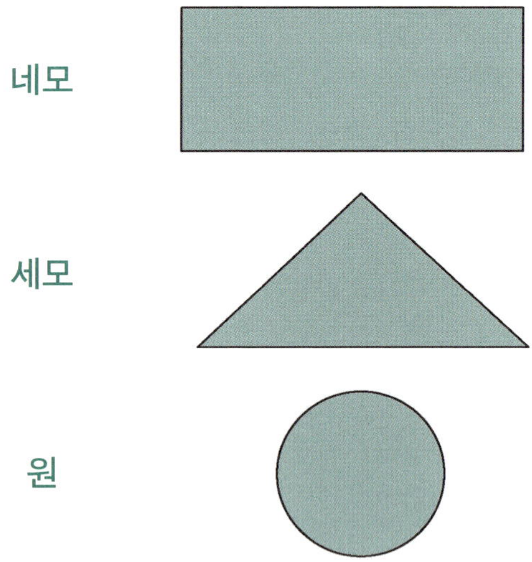

먼저 손을 펴서 붙인 후에 네모를 정성껏 그려본다. 이때 주의할 점은 손끝의 움직임이다. 손끝의 움직임에 중점을 두고 가슴에서부터 느낌이 살아 움직여 손끝까지 그 느낌이 세심하게 살아있게끔 움직이는 것이 포인트다.

이번에는 원을 마찬가지로 정성스럽게 그려본다. 최대한 원의 형태를 생각하면서 손끝으로 가장 정확한 원을 그려본다. 이때 최대한 부드러우면서 섬세하게 원을 그려야 한다.

그리고 다음에는 앞에 어떤 사물이든 놓아본다. 예를 들어 가방, 전화기 등의 흔한 물건들을 놓고 똑같이 그려보는 것이다. 그렇게 되면 손의 감각이 키워지게 된다. 그렇게 자꾸 사물을 갖고 똑같이 손으로 그려보면 손의 느낌이 섬세해 지는 것을 느끼게 될 것이다.

이때 주의할 점은 수화가 되면 안 된다는 점이다.

모든 것에 대한 설명을 제스처로 한다면 오히려 설명이 조잡해져서 시선이 더 분산되게 마련이다. 특히 국내 기업 중 보수적인 기업이나, 공무원 면접 같은 경우는 제스처를 많이 쓰는 것은 오히려 마이너스가 된다. 산만해 보이고, 정신없어 보이기 때문이다.

따라서 강조할 부분, 꼭 필요한 부분을 보다 감칠맛 나게 설명하기 위해 필요한 부분이 제스처라고 말할 수 있다.

이런 제스처를 통해 표현을 더 풍부히 할 수 있음은 아무리 강조해도 지나치지 않는다.

# 7
# 논리

논리는 질서정연하게 말을 이끌어가는 필수조건이다.

어떤 분들은 말은 참 잘하는 것 같은데, 얘기를 듣다 보면 핵심이 없는 것 같고, 어떤 분들은 재미있게 말을 하는데 두서가 없는 경우가 많다. 그만큼 논리는 말의 핵심을 이어갈 수 있게 만드는 중심축이다.

**논리적으로 말하려면 네 가지 '핵심', '일관성', '논리적 전개', '어법'이 중요하다.**

먼저 '핵심'이다. 핵심은 나무로 비유하면 뿌리와 같다. 뿌리가 없으면 나무가 자라는 방향을 잃고 만다. 그렇기 때문에 말하고자 하는 분명한 핵심이 있어야 한다.

예컨대, '저는 이 자리에서 말하고자 하는 것이 있습니다. 그것은 우리나라의 문제입니다. 어느 날 제가 우연히 길을 걷는 데 거리에

길고양이가 넘쳐나는 것을 볼 수 있었습니다. 그리고 손에 손을 맞잡은 많은 남녀 커플도 볼 수 있었습니다. 하지만 중요한 것은 화려한 간판들입니다.' 이게 과연 무슨 얘기인가? 이 문장에서 없는 것은 바로 '핵심'이다.

처음은 나쁘지 않다. '우리나라의 문제'에 대해 얘기하고자 하는 의지가 보인다. 그러다가 길고양이, 남녀커플, 간판의 이야기로 넘어갔다. 즉 말의 핵심이 없어지다 보니, 횡설수설하고 산만한 전개가 되었다. 그만큼 '핵심'은 나무의 뿌리처럼 중심을 잡아주는 역할을 한다.

두 번째는 '일관성'이다. 일관성은 나무의 줄기와 같다. 뿌리가 탄탄해서 나무가 생겼는데 줄기가 바르게 성장하지 않으면 나무가 휘어 버리고 만다.

일관성을 키우려면 이야기의 흐름이 A – B – C로 이어갈 수 있도록 연습을 하는 것이 중요하다. 예컨대, 우리나라 교육의 문제점과 개선방안을 얘기하는 데 있어서의 논리적인 전개는 다음과 같다.

먼저 서론에서, 우리나라 교육의 현재 상황을 얘기한다. 그래서 학생들이 무엇 때문에 고통 받고 있는지, 선생님들의 한국교육에 대한 고충은 무엇인지 등을 설명한다.

그리고 본론에서는, 본격적인 문제점에 대해서 얘기한다. 제도의 문제점과 자꾸만 바뀌는 현 제도에 대한 부분 등을 심층적으로 얘기한다.

마지막으로 결론에서는, 이러한 문제점을 개선할 수 있는 방안에 대해 설명한다. 앞으로의 대책과 교육의 개선방안 등을 구체적으로 얘기하는 것이다.

다음은 '논리적 전개'이다.

먼저 구체적 전개가 있다. 구체적 전개는 예시, 인과, 비교, 대조, 비유 등의 전개방식이다.

가령, "저는 우유를 좋아하지 않습니다. 왜냐하면 우유를 너무 많이 마시게 되면 설사를 할 수 있기 때문입니다." 이렇게 원인과 결과로 전개하는 방법이 인과전개이다.

비교는 "A와 B차량을 비교해서 말씀드리겠습니다. A와 B의 성능의 공통점은 연비입니다. 그리고 차이점은 배기량입니다."

"무상복지는 형평성에는 적합한 복지이지만, 효율성면에서 단점을 보이는 제도입니다. 예를 들어, 모든 학급의 아이에게 무상으로 교육을 제공할 경우, 예산의 문제가 야기될 수 있습니다." 이러한 전개방식은 예시에 해당된다.

이번에는 '삼단논법'이다.

A – B – C 전개 중, 대전제 – 소전제 – 결론의 형태이다. 삼단논법은 연역법의 대표적인 형태로써 실증적인 논증을 할 때 많이 쓰인다.

예를 들어, '사람은 누구나 죽는다. 아리스토텔레스는 사람이다. 그러므로 아리스토텔레스는 죽는다.'의 형태이다. 이때 중요한 것은 소전제가 반드시 대전제에 포함되는 범주여야만 논리가 형성된다는 것이다. 특히 토론과 설득에서 많이 쓰이는 방법이다.

토론에서는 "모든 국민은 행복추구권이 있습니다. 그리고 김영수 학생 또한 국민입니다.

그러므로 김영수 학생은 행복할 권리가 있는 것입니다." 이렇게 삼단논법을 적용할 수 있다.

삼단논법은 이미 검증된 또는 실제로 증명된 사실을 바탕으로 하기 때문에 매우 신뢰성이 높은 논리이다. 이에 반해 귀납법은 제 1전제 – 제 2전제 – 결론으로 흘러가는 논증 방식인데 실증적 방법이 아닌 해석적 방법이기 때문에 설득력이 약할 수가 있다.

가령, '우리나라에도 토끼가 있다. 그리고 일본에도 토끼가 있다. 그러므로 모든 나라에는 토끼가 있다.'라고 얘기하는 방식이 귀납법이다. 하지만 결론이 해석으로 치우칠 수 있기 때문에 일반화의 오류 등의 논증의 오류를 범할 수 있는 여지가 있다.

따라서 논증을 할 때는 귀납법보다는 연역법 중에서도 삼단논법이 더 신뢰를 줄 수가 있는 것이다.

다음은 '변증법적 논리'이다.

변증법은 헤겔이 만든 논리이론인데 정 – 반 – 합의 전개이론이다.

예컨대, '인간은 감정을 표현하는 동물이다. 하지만 어떤 동물들은 감정을 표현하지 못하는 경우도 있다. 그러므로 모든 동물이 감정을 표현하는 것은 아니다.'라고 전개하는 방법이다.

논리에 있어서 중요한 마지막 부분은 '어법'이다.

아무리 뿌리가 튼튼하고 나무의 줄기가 곧게 뻗어 나가도 나무에 벌레가 많이 꼬여서 나무를 갉아 먹으면 안 된다. 어법이 바르지 않은 논리는 나무를 갉아먹는 벌레와 같다.

어법에서 중요한 부분은 바로 '주어와 서술어'를 일치시키는 것이다. 가령, '어머니가 급하게 뛰어 들어가서 머리를 잘랐는데 웃음이 났다.' 이 문장에서 가장 이상한 부분이 무엇인가? 그것은 바로 '어머니'가 '너무 했다.'로 이어지는 엉성한 주어와 서술어의 연결이다. 즉, '어머니'가 뛰어 들어간 것이고, 웃음이 났다는 '내'가 웃음이 난 것이므로 주어와 서술어가 일치하지 않은 문장이 된다.

주어와 서술어가 일치하지 않으면 마치 얼굴은 사람인데 다리는 물고기의 꼬리지느러미와 같은 이상한 형태가 되어 버린다.

그렇기 때문에, 어떤 논리를 전개하기 위해서는 반드시 주어와 서술어를 일치시켜야 한다.

그다음은 지나친 남용과 생략이다. 위의 문장은 '미용실에'라는 부사어가 생략되어 있고, '웃음이 났다.' 앞에 '나는 그 모습을 보고'라는 주어와 부사어가 들어가야 한다.

또한, 접속사의 문제도 중요하다. 문장은 인과관계, 비교, 대조, 유추, 예시 등으로 이루어진다. 여기에 적합한 접속사가 들어가면 논리는 물 흐르듯이 자연스러워진다. 위에 언급한 것처럼 "나는 배가 고팠다. 그래서 냉장고에서 우유를 꺼내 마셨다."라는 인과관계의 문장.

또는 "지금 내 처지는 저기 전깃줄에 위험하게 앉아 있는 참새와 같다."의 비유. "나한테 화를 내는 건 이해가 가지 않는다. 예를 들어 화가 나면, 왜 화가 났는지, 그리고 어떤 부분 때문에 그러는지를 차분히 얘기해야 한다." 등의 여러 가지 형태의 서술방식의 전개로서 논리를 만들어 가야 한다.

또한 많은 책을 읽고 이야기의 '핵심'을 파악하는 연습은 논리력을 키우는데 상당한 영향을 준다.

처음에는 이솝우화나 동화부터 시작해서 차츰 수필이나 소설로 옮겨야 한다. 그렇게 읽어서 핵심을 파악하는 능력과 더불어 쓰기와 말하기를 통해 핵심, 일관성, 문장력을 키운다면 누구나 논리의 대가가 될 수 있다.

# 8
# 다양한 표현

말을 하다 보면 내용을 말하다가도 막히는 경우가 종종 있다. 또한, 어떤 표현을 하고 싶은데도 그 표현이 생각나지 않아 쩔쩔매는 경우가 허다하다.

말을 잘하는 사람의 공통점은 어휘구사력이 뛰어나다는 것이다. 대화에 있어서 중요한 부분은 재미와 감동인데, 어휘력이 부족하면 이 두 가지 모두 충족시킬 수가 없다.

즉, 어휘적 표현력이 중요하다는 것이다.

가령, 자기소개를 할 때 "안녕하세요. 저는 김철수입니다. 감사합니다."라고 얘기하는 사람과 "안녕하세요. 김철수입니다. 저는 이름 때문에 초등학교 때부터 국어 시간에 유명했어요. 만나 뵙게 돼서 반갑습니다."라고 얘기를 하는 사람과는 사람들의 반응이 다를 것이다.

공식적인 보고를 할 때도 "네 이번 설문 조사에서 사람들이 원하는 것은 더 좋은 품질을 원한다는 것이었습니다. 그래서 좀 더 우리 회사가 그쪽으로 신경을 많이 써야 할 것 같습니다."라고 얘기하는 것과 "이번 설문 조사에서 고객이 원하는 것은 다름 아닌 품질이었습니다. 물량공세로 고객들에게 접근하는 미봉책으로는 오히려 고객의 역풍을 맞을 수 있습니다."라고 얘기하는 것은 느낌이 다르다.

무조건 한자어와 사자성어를 쓰라는 의미가 아니다.

말을 잘하는 사람은 고유어와 한자어를, 고급유머와 통속적인 유머를 적재적소에 사용할 줄 아는 사람이다. 또한, 그들은 현인처럼 생각하고 범인처럼 말하는 데 능숙하다. 그래서 어려운 의미를 쉽게 표현하거나 생생하게 표현해서 귀에 쏙쏙 들리게 하는 재주가 있다.

**어휘구사력은 꾸준한 독서와 표현, 그리고 연습만이 어휘력을 늘릴 수 있는 방법이다.**

그런데 한국 사람들은 말을 아끼는 습관이 강했기 때문에 어휘력에 있어 부족함이 많다. 어휘력을 기르려면 우선 독서를 많이 해야 한다. 독서를 하다 보면 관용어나 비유 등의 수사가 다양해질 수 있기 때문이다. 또한, 자신의 언어, 자신만의 비유 등을 할 줄 알아야 하기 때문에, 독서를 하는 것에 그치지 않고, 그것을 활용해야 자기 것이 될 수 있다.

자 실전연습을 해보자.

‘하늘이 맑다’에 대한 다양한 표현이다.

1. 하늘이 깨끗하다.
2. 하늘이 티 없이 맑다.
3. 하늘이 청아하다.
4. 하늘이 높고 푸르다.

이번에는 ‘경치가 좋다’를 갖고 표현해 보자.

1. 경치가 아름답다.
2. 한 장의 엽서를 보는 것 같다.
3. 그림의 한 장면 같다.
4. 절경, 비경이 따로 없다.
5. 신선이 있다면 이곳에 머물 것처럼 경치가 좋다.

등으로 나타낼 수 있다.

‘아름답다’라는 고유어와 ‘청초하다’와 ‘청아하다’의 느낌은 조금 다르다. 청초하다는 깨끗한 아름다움을 청아함은 맑은 아름다움을 뜻한다. 즉 의미는 같지만 느낌이 다를 수가 있다.

'불안하다'를 표현할 때 아슬아슬하다, 불안 불안하다, 좌불안석, 노심초사로 말할 수 있다.

'말의 앞뒤가 안 맞다'를 얘기할 때도 '부조리하다. 모순적이다. 이율배반이다.'라는 말을 사용할 수 있다.

이처럼 고유어와 한자어의 느낌은 편안함과 딱딱함, 자유로움과 격식의 느낌으로 비교될 수 있다. 특히 한자어는 뜻과 뜻이 합쳐져서 의미가 발생하는 경우가 많은 만큼 표현에 따라 뉘앙스가 다를 수 있다.

어휘구사력이 좋은 사람은 때와 장소에 따라 같은 의미를 다양하게 표현할 수 있는 사람이다.

가령, 사석에서 어떠한 질문에 대답할 때 "질문은 쉽지만, 대답은 어렵네요."라고 말할 수 있지만, 공식적인 자리에서는 "질문에 난이도가 있어 변별력을 갖추기가 어렵네요."라고 표현하는 것이 적합할 수도 있다.

이처럼 고유어와 한자어의 분간을 자유자재로 한다면 그 다음에는 비유적 표현을 잘 다룰 줄 알아야 한다. 왜냐하면, 비유적인 표현은 상황을 생생하게 나타낼 뿐만 아니라, 재미있는 요소도 주기 때문에 일석이조의 효과를 거둘 수 있다.

가령, '기분이 좋다'를 가지고 이렇게 표현할 수 있다. 기분이 너무 좋다. 뛸 듯이 기분이 좋다. 당장에라도 날아갈 듯이 기분이 좋다.

'춥다' 역시 다양한 표현이 가능하다. 몹시 춥다. 살을 에는 듯이 춥다. 몸에 고드름이 필 것 같다. 동장군이 온 것 같다.

또한 관용어의 사용도 중요하다. 관용어란 사람들이 습관적으로 사용하는 비유를 얘기한다.

가령, 적은 월급을 '쥐꼬리 만 한 월급', 장사가 안 될 때 '파리만 날린다.'라는 표현. 화가 나서 쳐다볼 때를 '눈에 쌍심지를 켜고 보네.' 무관심할 때 '강 건너 불구경 하듯이', 열심히 노력했는데 다른 사람이 채 갈 때, '닭 쫓던 개 마냥' 등의 표현을 하면 더 생생하다는 얘기다.

조금 더 고급스러운 관용어도 있다.

예를 들어, 좋은 결과이지만 그 안에는 나쁜 징조가 담겨있을 때 '독이 든 성배'라는 비유, 상대에게도 영향을 주지만, 나에게도 영향을 미칠 때 '양날의 검', 이러지도 저러지도 못하는 상태를 '뜨거운 감자' 아름답지만 그 안에는 날카로움이 있을 때 '가시 돋은 장미' 등의 표현이다. 그리고 더 나아가서 명언과 사자성어, 속담의 비유도 있다.

예컨대, '서로 비슷하네.'라는 표현을 '가재는 게 편이다.', '초록은 동색이다.', '유유상종' 등의 속담과 사자성어로 표현할 수 있다.

또한, '위태로운 상황'을 '백척간두', '풍전등화', '사면초가' 등의 사자성어로도 나타낼 수가 있다.

바다에 대한 표현도 다채로울 수 있다.

잔잔한 파도, 집어 삼킬 듯한 파도, 집 채 만 한 파도, 굶주린 늑대가 먹이를 덥석 물듯이 밀려오는 파도, 사납고 격렬한 바다, 너무나 고요하지만 속을 알 수 없는 바다 등 수 없이 많은 표현을 해 봐야한다.

이번에는 자연에서 사람의 마음으로 옮기자.

속을 알 수 없는 마음, 검은 마음, 티 없이 맑은 마음, 깊이를 헤아릴 수 없을 정도로 깊고 넓은 마음, 노르스름한 마음 등으로 다양하게 표현할 수 있다.

다음은 '저기 하늘에 어린 새가 날고 있습니다.'에 대한 다양한 표현이다.

한 마리의 새가 하늘을 비행한다. 어미 새의 품을 찾기 위해 그리움의 날개 짓을 한다. 먹이를 찾기 위한 몸부림을 하는 작은 새, 어리디 어린 새가 힘찬 도약의 날개 짓을 하듯 창공을 훨훨 난다 등 여러 가지 표현을 해볼 수 있다.

**어휘력은 한 순간에 늘지 않는다. 꾸준한 독서와 표현, 그리고 연습만이 어휘력을 늘릴 수 있는 방법이다.**

그런 의미에서 어휘력을 늘린다는 것은 표현을 다양화 할 수 있는 중요한 요소이다.

# 9 유머

유머를 정의함에 있어 학자마다 다르긴 하지만, 대체적으로 격차를 보편적인 이론으로 들 수 있다.

격차란, 가령 기대치와 반응에 있어서의 차이를 얘기한다. 학교에서 선생님과 학생이 복도를 지나가다 넘어졌을 때 어떤 상황이 더 재미있는가를 생각하면 쉽게 이해가 갈 수 있을 것이다.

왜 선생님이 넘어졌을 때 더 웃길까?

그것은 선생님의 권위가 훨씬 크기 때문에 또한, 그것에 대한 격차 때문에 학생보단 더 크게 웃을 수 있는 것이다.

**이 격차를 표현하는 방법으로 연상, 언어유희, 과장 등이 있다.**

격차는 다양한 부분에서 예를 들 수 있다.

가령, "매력적인 질문이야!"라는 말에 있어, '매력적인'과 '질문'은 어울리지 않는 표현이다. 이 두 가지의 부조화가 맞물려서 묘한 뉘앙스를 풍겨 유머를 만드는 것이다. 다양한 예로 "착한 몸매", "나쁜 손" 등의 표현이 있다.

또한 속담, 인용 중의적인 표현에 대한 격차도 있다.

예컨대 도둑이 어떤 집에 침입했다고 했을 때, 갑자기 쥐가 났다고 가정했을 때 "도둑이 제 발 저리네요."라고 한다면 이것 또한 묘한 뉘앙스를 풍기면서 유머러스한 표현이 될 수 있다.

물론 실제로 저렇게 얘기했다가는 뒷일은 장담할 수 없다.

연상도 마찬가지다.

개그맨을 흉내 낼 때 또는 유명정치인을 흉내 낼 때 그것이 재미가 있는 이유는 그 연예인의 말투가 연상이 되면서 격차를 느끼기 때문이다. 이때 너무 똑같게 흉내를 내면 재미와 감탄을 동시에 일으키게 된다.

과장 또한 유머의 대표적인 방법이다.

어떤 선생님이 독특한 억양이 있을 때, 그것을 더 심한 억양을 써서 표현했을 때 재미를 더 유발하는 이유는 격차가 더 크기 때문이다.

이런 이론들을 토대로 유머를 적재적소에 잘 표현한다면 여러분들도 청중을 충분히 사로잡을 수 있는 매력적인 화자가 될 수 있다.

유머는 말 그대로 청중에게 재밌게 표현해서 분위기를 즐겁게 만드는 것이다. 바꿔 말하면, 분위기를 즐겁게 하지 못하는 유머는 좋은 유머가 아니라는 것이다. 즉, 공격적인 유머, 상처가 되는 유머, 지루한 유머 등이 지양해야 할 유머에 포함된다.

가령, 어떤 부부가 자식이 8명 정도 있다고 했을 때, "참 번식력이 좋으시네요."라고 말을 한다면. 물론 상황에 따라 웃음을 유발할 수도 있지만, 당사자는 충분히 기분이 나쁠 수 있다.

또한, 술자리에서 머리가 큰 사람한테, "넌 얼굴이 커서 면봉 같다."라고 한다면 오히려 분위기가 싸해 질 수도 있다.

그래서 적재적소의 유머가 중요한 것이다.

그리고 한 번 재미를 줬다고 해서, 더 욕심을 낸다면 오히려 과유불급이라고 안 한 것만 못한 상황이 될 수도 있다. 그런 경우는 주위를 돌아보면 많은 곳에서 예를 찾을 수가 있다.

유머는 필요에 따라 청량음료가 될 수도 있고, 독이 될 수도 있다는 것을 명심해야 한다.

# 10
# 속담 활용

말을 풍요롭게 하는 데 있어서 속담은 매우 중요한 역할을 하고 있다.

가령, 어떤 성공한 사람이 늘 겸손한 태도를 취하고 손윗사람이든 손아랫사람이든 늘 배우려는 자세를 가지는 것을 보고 '벼는 익을수록 고개를 숙인다.'라고 말을 하면 그 상황을 함축적으로 표현할 수가 있게 되는 것이다.

또한, 어떤 직원이 상사에게 혼나서 부글부글 대다가 부하 직원에게 모라고 하는 것을 보고 '종로에서 뺨 맞고 한강에서 화풀이한다.'라고 간결하게 표현할 수도 있다.

이렇게 속담은 함축적이고도 쉽게 상황을 설명한다는 점에서 매력적이다.

예전에 술자리에서 친구 한 명이 여자에게 차이고 혼자서 어울리지 못하고 대화에도 끼이지 못하는 것을 보고 어떤 친구가 그 친구에게 왈 "낙동강 오리알 신세 같다."라고 얘기한 적이 있었다.

그리고 한 번은 한 친구 중에 출세한 친구가 있었는데, 그 친구가 잘나가던 시절 다른 친구들 앞에서 "내 차 한 번 몰면 여자가 줄을 서지.", "돈이 하도 많아서 어떻게 써야 할지를 모르겠다."라고 얘기하자, 친구 중 한 명이 "넌 개구리 올챙이 시절 모르는구나. 예전에 네가 힘들고 돈이 없던 시절을 생각해봐."라고 얘기를 했다.

또한, 속담은 유머적 비유로도 활용할 수가 있다.

가령, '열 번 찍어 안 넘어가는 나무 없다.'는 '열 번 찍어 안 넘어가는 나무는 사다리 타고 올라가라.'라고 재미있게 표현할 수도 있고, '소 잃고 외양간 고친다.'와 유사한 표현으로 '차 잃고 주차장 고친다.'로 또한, '낫 놓고 기억 자 모른다.'와 유사한 표현으로 '빨래집게 놓고 A자 모른다.'로 얘기할 수도 있다.

영화에서도 이런 속담은 많이 활용되고 있다.

예전에 영화 '타짜'에서 김혜수 씨가 화투를 치다가 같이 어울리던 '호구'의 돈을 화투로 뺏은 적이 있었는데, 그 '호구'가 "정 마담이 나한테 어떻게 이럴 수 있어?"라고 묻자, 김혜수 씨 왈, "원래 등잔 밑이 어두운 법이랍니다."라고 받아쳤다.

# 11
# 명언 활용

속담과 사자성어가 함축적으로 화자의 말을 표현할 수 있다면 명언은 청중들의 마음을 움직이고 심금을 울릴 수 있는 표현이다.

IMF 시절 사업이 잘 안돼서 너무나 괴로워하던 그래서 손님이 줄어 음식사업을 접을지 말지를 고민하던 어떤 분이 우연히 TV를 보는데 이런 말이 나왔다고 한다. '위기를 기회로 바꿔라.' 그 말을 듣고 그 분은 용기를 낼 수 있었다.

오프라 윈프리는 어렸을 때부터 외모에 대한 놀림과 성폭행으로 얼룩진 사춘기 시절을 보내면서 하루하루 힘들어하던 그때 '내가 왜 그토록 고통을 당해야 하는가. 그 어떤 것도 생각하기 나름이잖아.' 라고 긍정적으로 생각하기 시작했다고 한다. 그러면서 훗날 똑같이 고통을 받는 사람들에게 이렇게 말을 했다.

'자신의 상처를 지혜로 바꾸어라.'라고 또한 윈프리는 행운이라는 것은 없다고 단지 '행운은 준비된 자가 기회를 만나는 것에 다름 아니다.'라는 멋진 말을 남겼다.

국내외 유명인과 정재계 인사들도 유명한 어록을 남겼다.

정주영 회장은 '시련은 있어도 실패는 없다.', 삼성 이건희 회장은 '경청'을. 동양화재 정진섭 대표는 '크고자 하거든 남을 섬겨라.' 현대 정몽구 회장은 '부지런하면 두려울 것이 없다.' 그리고 대우 김우중 회장은 '세상은 넓고 할 일은 많다.'라는 멋진 말을 남겼다.

## 12
# 사자성어 활용

스피치를 할 때 인용은 청중의 주의를 끄는 데 지대한 영향을 끼친다.

특히 사자성어는 촌철살인처럼 한 마디로 상황을 정리할 수 있다는 점에서 매우 집약적인 표현이라고 할 수 있다.

가령 "웃음은 매우 중요합니다."라는 표현보다는 "일소 일소요 일로 일로"입니다. 라는 표현으로. 또한 "그 사람은 늘 자기 입장에서만 생각하고 말을 하고 남의 입장을 배려하지 않아."를 '아전인수'와 '견강부회'와 같은 집약적인 사자성어로 표현한다면 매우 효과적으로 청중의 이목을 집중시킬 수 있다. 그러려면 속담, 명언, 고사성어에 대한 공부를 하는 것이 중요하다.

단순한 예시나 얘기보다 속담이나 격언, 고사 성어는 청중을 집중시킬 수 있는 커다란 힘이 있다.

“어떤 것을 하더라도 지나친 것은 안하는 것보다 못할 수 있습니다.” 라는 표현은 여러 가지로 말을 할 수 있지만, 간단하게 “과유불급”이라고 요약해 얘기한다면 오히려 촌철살인과 같은 비유가 될 수 있기에, 더 귀에 들어올 수가 있는 것이다.

이와 같이 속담이나 격언은 표현의 집약의 효과와 더불어, 함축적인 표현으로 청중의 귀를 사로잡을 수 있는 방법이기 때문에, 평소에 책을 많이 읽고, 명언을 많이 접하는 것이 중요하다.

다음은 명언의 예이다.

- 주사위는 던져졌다 - 율리우스 카이사르
- 왔노라, 보았노라, 이겼노라. - 율리우스 카이사르
- 전쟁을 두려워해서는 안 된다. 하지만 먼저 도발해서도 안 된다. - 플리니우스
- 남들 위에 서는 사람은 밑에 있는 사람보다 자유가 제한된다. - 율리우스 카이사르
- 모방에 의해서 위대하게 된 사람은 아직 한 사람도 없었다. - 사무엘 존슨
- 위인이란 소리를 듣는 것은 오해를 받는 일이다. - 에머슨
- 천재란 굴 껍질 속의 진주와도 같이 빛나는 일종의 병이 아닐까? - 하이네

속담의 예이다.

- 가는 날이 장날이다.
- 가는 말이 고와야 오는 말이 곱다.
- 가랑비에 옷 젖는 줄 모른다.
- 가랑잎이 솔잎더러 바스락거린다고 한다.
- 가재는 게 편이라.
- 가지 많은 나무에 바람 잘 날 없다.
- 간에 가 붙고 쓸개에 가 붙는다.
- 간에 기별도 안 간다.

# 13

# 에피소드 활용

에피소드는 음식으로 비유하면 메인요리이다.

우리가 보통 어떤 얘기를 할 때는 대부분 도입부와 본론 그리고 결론을 가지고 얘기를 한다.

이때 에피소드는 풍성한 얘깃거리를 줄 수 있는 재료이며, 듣는 사람으로 하여금 재밌게 경청할 수 있게 하는 이야기보따리다.

에피소드가 풍부할수록 듣는 이의 귀는 즐거워질 수 있다.

예를 들어, '재테크'에 대한 이야기를 할 때 "부자가 되려면 성실함과 근면성이 필요합니다."라고 얘기하는 것보다, "제 친구 한 명은 처음에는 가난했지만, 경매와 채권에 대한 공부를 본격적으로 하면서 처음 1, 2년 동안은 재미를 보지 못했지만, 경험이 쌓이다보니 점점 더 많은 부를 축적했습니다."라고 얘기를 하는 것이 훨씬 생생하게 전달이 될 수 있다.

또한 '웃음'에 대한 얘기를 할 때도 "웃음은 삶의 활력소입니다. 우리 모두 웃으면서 삽시다."라고 얘기하는 것보다는 "제 지인 중에 한 명은 심한 우울증을 앓고 있었는데, TV에서 어떤 명사의 강연을 듣고 처음에는 어색했지만, 조금씩 따라서 웃기 시작했습니다. 자꾸 웃다 보니 마음도 긍정적으로 바뀌고 경직되었던 인상은 화색이 돌고 삶의 기쁨이 생기기 시작했습니다. 그렇다 보니 식욕도 돋고 예전에는 약간의 대인기피증 때문에 사람들을 멀리했었는데, 지금은 자신감이 생기다 보니 사람들도 자주 보게 되고 자연스럽게 우울증이 고쳐진 경우가 있습니다."라고 얘기하는 것이 훨씬 '웃음'에 대한 내용을 실질적으로 전달할 수 있다.

이처럼 에피소드는 단순히 이야기를 상세히 설명하는 것이 아니라 풍부한 예와 일화를 통해 청중들에게 생생한 내용을 전달할 수 있는 실질적인 이야기라고 말할 수 있다.

TV에서 보면 연예인 또는 말을 잘하는 사람들 중에 수많은 에피소드를 갖고 얘기를 하는 사람들이 있다. 그들은 사실 말을 특별히 잘하는 재주보다는 다양한 에피소드를 적재적소에 풀어서 얘기하는 능력이 탁월하다.

**그렇기 때문에, 다양한 에피소드는 어떤 상황에서든 실질적인 예를 들 수 있는 좋은 스피치의 무기가 될 수 있다.**

# 14
# 비유 활용

비유는 스피치에 있어서 양념과 같다.

그리고 청중들에게 쏙쏙 들어올 수 있는 마법과 같은 역할을 한다. 관용어를 포함해 어휘력이 풍부한 사람은 주위 사람들을 즐겁게 만든다.

가령, "하늘이 무척이나 아름답다."라고 표현했다고 하자. 물론 저 표현도 때에 따라서 무척 담백할 수 있다.

하지만 맨밥이 담백하지만 텁텁하듯이, 밥을 갖고 비빔밥도 만들고, 김치덮밥, 죽, 치즈 볶음밥 등 다양한 활용을 한다면, 그 요리법이 풍부해질 수 있듯이, 하나의 표현을 다양하게 표현할 수 있다면, 풍부한 재미와 흥미를 전달할 수 있다.

이 비유의 종류에는 국어 시간에 배웠듯이, 직유, 은유, 활유,

강조, 대구법등 다양한 활용이 있을 수 있다.

국어를 잘하는 사람이 스피치도 잘할 수밖에 없는 원리이다. 평소에 어휘력이 없으면 비유도 맛깔스럽게 할 수가 없기 때문이다.

어휘력은 음식으로 따지면, 재료에 해당할 수 있다. 아무리 양념이 화려하다 해도 재료가 식상하면 음식 자체가 가벼워질 수밖에 없다.

또 다른 예로 관용어를 들 수 있다.

관용어의 의미는 많은 사람들이 사용해서 자연스럽게 이해가 되는 말을 의미하는 것이다. 공감대가 형성되면서, 재밌는 표현이 많기 때문에 관용어를 잘 활용한다면, 말을 아주 재밌게 할 수 있게 된다. 가령, '접싯물에 코 박듯이, 똥인지 된장인지 구별 못하는, 늘어지게 자는, 자다가 코 베어가도 모르는' 등의 수많은 관용어를 사용한 표현이 있다.

직유법은 말 그대로 직접적인 비유를 얘기한다.

가령, 인생의 굴곡이 많은 것을 표현할 때, '마치 파도가 굽이치듯이, 폭풍우가 몰아치듯이' 등의 직접적인 표현이다.

그리고 은유법은 은유적인 표현이다.

우리가 국어 시간에 배웠듯이, 내 마음은 호수요, 내 갈 길은 그대의 마음입니다. 등의 은은한 표현할 때 쓰인다.

또한, 강조법은 어떤 것을 특별히 강조할 때 쓰는 방법이다.

자 이제 실전연습을 해보자.

기분이 좋을 때를 어떻게 표현할까? '기분이 좋다, 기분이 최고다, 너무너무 행복하다.' 등으로 표현할 수 있다.

이것을 비유로써 표현해 보면 어떨까?

1. 기분이 날아갈 듯이 좋다.
2. 마치 비행기를 타는 듯한 기분이다.
3. 백두산 정상에 오른 듯한 느낌이다.
4. 뛸 듯이 기분이 좋다.

등으로 비유할 수 있다.

다음은 절망적인 상황을 비유해 보자.

1. 빛이 보이지 않는 긴 터널을 가는 듯한 느낌이다.
2. 어둠 속을 걷는 듯한 기분이다.
3. 안갯속을 헤매는 듯한 느낌이다.
4. 기나긴 동굴 속을 기어가는 듯한 느낌이다.
5. 비가 그치지 않는 장마를 경험한 듯이.
6. 한차례 폭풍우가 몰아치듯이

등으로 표현할 수 있다.

반대로 희망적인 상황은 어떻게 비유할 수 있을까?

1. 긴 어둠을 뚫고 나와 광명을 보듯이
2. 절망의 구렁텅이에서 한 줄기 빛을 보듯이
3. 기나긴 장마가 그치고 햇볕이 구름 사이로 고개를 내밀듯이
4. 커다란 파도 후에 찾아오는 고요함
5. 큰 폭풍 후의 고요함
6. 혹독한 겨울이 지나고 따스한 봄이 찾아오듯이

등으로 나타낼 수 있을 것이다.

이번에는 절망적인 순간에서 희망을 보았을 때를 어떻게 표현하는지 연습을 해보자.

또 하나의 예로 '불행이 겹칠 때'를 여러 가지 표현으로 해볼 수 있다.

먼저 관용어로는 '엎친 데 겹친 격'이라는 표현이다. 관용어란 사람들이 습관적으로 사용하는 비유를 얘기한다. 사자성어로는 '설상가상'이라는 표현이 있다. 그리고 비유적 표현으로는 욕 듣고 나서 뺨 맞을 때, 세금을 떼였는데 수수료까지 뗀 느낌, 안타 맞고

병살타 친 느낌 등의 수많은 표현을 할 수가 있다. 유머적인 표현으로는 개똥 밟고 기분 잡쳤는데 소똥까지 밟은 느낌, 여자 친구와 이별을 하고 울적해서 클럽을 갔는데, 거기서 여자 친구를 본 느낌 등의 생생한 표현을 예로 들 수가 있다.

이번에는 '행복이 겹칠 때'이다.

먼저 사자성어로 '금상첨화'라는 표현이 있다. 그리고 비유적인 표현으로는 안타치고 홈런을 친 느낌, 소개팅해서 대시 받고 헌팅까지 받은 느낌, 마트에서 음료수 마셨는데, 한 병 더 나온 느낌 등으로 표현할 수가 있다.

**비유는 생생한 표현을 가능하게 해서 듣는 이로 하여금 연상을 하게끔 만들어 주는 고급표현이다. 또한 비유는 의외성과 격차와 맞물리게 되면 유머적인 비유로도 표현될 수 있다.**

예컨대 너무 기사회생을 비유로 표현하면

1. 죽다가 살아나듯이
2. 절벽에서 간신히 기어오르듯이

등으로 표현할 수 있다.

이것을 유머적인 비유로 표현한다면

1. 관 뚜껑 덮고 3일장 치르고 영구차 올 때쯤 다시 일어난
2. 사채업자에게 추심 받고 시달리다가 간신히 원금 갚듯이

등으로 표현하면 충분히 재밌는 상황을 연출할 수 있다.

**비유는 어떤 상황을 생생하게 전달하는 가장 고급스런 표현중 하나라고 할 수 있다.**

같은 표현이라도 어떻게 활용하느냐에 따라 스피치의 스킬이 달라질 수 있다.

어휘력이 풍부한 사람을 친구로 둔다면 귀가 즐거워 질 수밖에 없다.

# part 4.
# 스피치 실수의 유형

# 1 불안한 시선처리

발표 시 대표적인 실수 중 하나는 불안한 시선 처리이다.

대부분 초보자가 많이 하는 실수 중 하나인데, 앞에 나와서 발표를 할 때, 누구를 봐야 할지, 어디를 봐야 할지를 몰라서 하늘을 쳐다보거나 아니면 마치 죄를 지은 사람처럼, 땅만 쳐다보거나 하는 유형이다.

**불안한 시선은 자신감의 부족에서 비롯된다.** 지난 챕터에서도 얘기했듯이, 누구나 실수를 할 수 있고, 누구나 처음부터 잘할 수 없다는 것을 인정한다면 한층 편하게 발표를 할 수 있다.

예전에, 어떤 분이 발표하는데 시선을 어디다 둘지 몰라서 하늘을 보다 땅을 보다가, 시선으로 그림을 그리고 있다가, 갑자기 어느 한 분에 꽂히신 건지 어느 여자 분을 계속 쳐다보고 얘기한 적이 있었다. 그랬더니 그 여자 분이 오히려 하늘을 보거나 땅을 보거나 시선을 어디로 둘지 몰라 땀을 삐질삐질 흘린 적이 있었다.

눈은 마음의 창이라고 하는 이유는 우리가 사람을 볼 때 가장 많이 쳐다보는 곳이 눈이고, 눈빛에 따라 그 사람의 감정을 읽을 수 있기 때문이다. 그렇기 때문에 눈빛이 불안하게 되면 듣는 사람들은 말하는 사람의 감정이입과 표현에 불안함을 느끼게 되는 것이다.

그렇다면 어떻게 하면 자연스러운 시선 처리를 할 수 있을까? 먼저 청중의 수를 파악하는 게 중요하다. 만약 청중이 대략 15명 이하면 한 명씩 골고루 쳐다보는 것이 중요하다. 이때 적대적인 감정이나 공격적인 시선을 보내면 안 된다. 싸우자는 것이 아니잖은가.

대략 15명 이상일 때는 청중에 대한 방향을 세 등분해서 오른쪽, 가운데, 왼쪽으로 나눠 골고루 쳐다봐야 한다. 이때 모든 사람을 쳐다보려 하지 말고, 왜냐하면 인원이 많게 되면 오히려 시선이 분산되기 때문에, 적절히 시선분배를 하면서 자연스레 쳐다봐야 한다. 하지만, 이때도 한 사람 한 사람씩 눈을 맞추는 것이 중요하다. 자신에게 호의적으로 반응하는 사람들을 쳐다보라. 그런 분들은 말하는 이에게 친구처럼 편안함과 든든함을 심어준다.

스스로 마음을 열고 진심어린 눈빛으로 청중들을 대하면 처음엔 낯설어하던 청중의 마음도 서서히 열리는 것을 느끼게 될 것이다. **청중들에게 눈빛을 보낼 때는 먼저 자신의 마음을 연다는 생각으로 온화하고 진실된 마음을 보여라.**

그것이 바로 자연스런 시선처리의 첫걸음이다.

## 2

# 불안정한 자세

발표 시 불안정한 자세만큼 청중들을 불안하게 하는 것도 없다.

흔히 실수를 저지르는 중 하나가, 짝 다리로 서 있거나, 손을 꽉 잡고 있거나, 몸을 배배꼬는 경우가 대부분이다.

불안정한 자세는 불안한 시선만큼이나 보는 사람들을 불편하게 만든다. 낯선 자리이기 때문에, 사람들을 의식하기 때문에, 어떤 말을 해야 할지 정리가 안 되어 있는 경우에 우리는 그러한 불안정한 자세를 취한다.

일단 연단이나 대중들 앞에 섰을 때, 양발은 모으고, 양손은 가지런히 놓아야 한다. 그리고 손은 너무 딱 붙이지 말고, 자연스레 달걀을 쥔다는 생각으로 주먹에 힘을 빼고 겨드랑이와 팔 사이도 주먹 하나 들어갈 정도로 편안한 자세를 유지하는 것이 중요하다.

예전에, 어떤 분이 연설을 하는데, 말은 참 잘하시는데, 자세가 뒤틀어져 있는 바람에 말의 내용이 들어오지 않게 자세가 계속 신경 쓰여서 안타까웠다.

이처럼 자세하나 때문에 그 사람의 말의 내용이 들어오지 않는 것은 말하는 사람의 입장에서는 좋지 않을 수밖에 없다.

그리고 어떤 분은 말을 할 때 구부정한 자세로 일관하는 사람도 있다. 자세가 구부정하게 되면, 사람이 의기소침해 보이고, 상대적으로 작아 보이기 때문에, 늘 당당하게 허리를 펴는 습관을 갖는 것이 중요다.

**당당함과 자연스러움 이 두 가지는 스피치에서 꼭 필요한 자세임을 명심하자.**

## 3

# 삼천포로 빠지기

강단에서 또는 대중들 앞에서 가장 흔히 하는 실수 중에 하나가 삼천포로 빠지는 유형이다. 예를 들어 '자기소개'를 하다가 '돈' 얘기로 마무리를 하거나, '행복'에 대한 주제를 갖고 얘기를 하다가 '불행'으로 마무리하는 것은, 마치 시작은 창대하지만, 끝은 미약한 경우이고, 용두사미와 같다.

예전에 어떤 분이 '자신이 살면서 가장 행복했던 순간'이라는 주제를 갖고 발표를 했는데, 처음 시작은 운명적인 사랑을 만나 너무나 행복했던 순간에 대한 얘기였다. 그리고 어디를 여행했는지, 어떤 먹거리를 그 운명 같은 사랑과 함께 먹었는지를 얘기했다.

그래서 듣는 사람도 그분 얘기에 푹 빠져 아름다운 감상을 하고 있었는데, 어느 순간 자동차로 드라이브한 얘기를 하다가 자신의 자동차를 자랑하기 시작했다. 그러더니 차종, 어떤 차가 좋은 차인지를 마치 자동차딜러처럼 설명을 하더니 결국 결론은 '좋은 차를 보는 안목'으로 주제가 바뀌어 마무리되었다.

이처럼 삼천포로 빠지는 것은 스피치를 할 때 범하는 일반적인 실수 중 하나다. 그렇다면 왜 이와 같은 실수를 연발하는 것일까? 원인은 바로 '핵심'을 이어나가지 못해서이다. 스토리구성에서 스토리는 물로 비유하자면 큰 물줄기이다. 그런데 이야기를 하다보면 작은 지류, 즉 작은 물줄기로 빠질 수가 있다. 그럴 때는 큰 물줄기의 힘이 약해질 때이다.

즉, 핵심에서 멀어지기 시작할 때 다른 이야기들이 머릿속에 들어오기 시작한다. 다시 말하면, '핵심'을 잡고 그 핵심에서 이야기를 첨가하는 것과, 핵심을 놔두고 새로운 이야기를 만드는 것의 차이가 바로, '큰 줄기'를 잡느냐 그렇지 못하느냐의 차이라는 것이다.

따라서 우리가 이야기를 할 때는 예컨대, '자기소개'를 할 때는 자기와 관련된 것이 핵심키워드이기 때문에, '자기'와 관련된 이야기를 중점적으로 하는 것이 중요하다. 자신의 가치관, 자신의 장단점, 자신의 가족, 친지 이야기가 핵심키워드이다.

그런데 갑자기 '자기'라는 핵심키워드와 관련이 없는 '애완견 키우기', '드라이브' 등으로 주제가 옮겨진다면, 듣는 사람은 그때부터 헛갈리기 시작하고, 말하는 사람도 '내가 무슨 얘기를 하고 있지?'라며

혼돈을 겪게 되는 것이다.

따라서 **말을 할 때, 이 '핵심키워드'를 잡고 흔들리지 않는 것이 삼천포로 빠지지 않는 길이라는 것을 늘 상기해야 한다.**

# 4
# 반복적인 말

스피치를 할 때 안 좋은 모습 중에 하나가 바로 반복적인 말이다.

말을 되풀이 하다 보면 청중들에게 지루함을 주게 된다. 술을 마실 때, 같은 말을 되풀이하는 것만큼 짜증이 나는 일은 없다. 스피치를 할 때도 마찬가지다. 두서없이 얘기하다 보면, 자기가 무슨 말을 하는지 모르기 때문에, 같은 말을 반복하는 경우가 많다.

이처럼 반복적으로 말을 하는 이유는 자신이 말하는 것에 산만해지거나, 새로운 단어나 얘기가 떠오르지 않아서이다.

가령, "저는 아이들을 사랑합니다. 저는 집안에 가장입니다. 저는 골프를 좋아하고, 또 저는 어떤 음식이든 잘 먹습니다."라고 얘기한다면, '저는'이라는 말에 실증을 느낄 수밖에 없다.

그렇다면 반복을 피하려면 어떻게 해야 할까?

방법은 자신의 생각을 정리해서 말하는 것이다.

이때는 "저는 아이들을 사랑하는 집안 가장입니다. 또한, 골프를 좋아하고 어떤 음식이든 잘 먹습니다."라고 간결하게 얘기를 해야 한다. 또, "우리는 누구나 행복을 추구합니다. 그리고 저도 마찬가지입니다. 그리고 우리는 행복을 위해 늘 웃어야 합니다."라는 말도 "우리는 누구나 행복을 추구합니다. 그리고 저도 마찬가지입니다. 그렇기 때문에 우리는 행복을 위해 늘 웃어야 합니다."라고 반복적인 어휘를 줄일 수 있게 스스로 노력을 해야 한다.

스피치는 음악이요. 스피치는 노래이다. 듣는 사람으로 하여금 운율을 느낄 수 있게끔, 재미있게 얘기를 하는 것이 중요하다.

그렇기 때문에, 반복적인 말은 청중들에게 즐거움을 주는 운율을 저해하는 요소가 될 수 있음을 알아야 한다.

## 5
# 소리의 떨림

발표할 때, 또는 이야기할 때 소리의 떨림은 긴장을 하고 있다는 증거이다. 상대방이 소리가 떨리면, 듣는 사람도 역시 불안함을 느끼기 때문에, **소리의 떨림은 곧 그 사람의 감정의 떨림이다.**

앞서도 얘기했다시피, 누구나 강단이나 대중들 앞에 서면 떨게 마련이다. 왜냐하면 낯설고 또한 누군가 날 쳐다보고 분석할 것 같다는 의식을 하기 때문이다. 하지만 중요한 것은 그것을 인정하는 것이다. 누구나 떨릴 수 있고, 누구나 긴장을 할 수 밖에 없다는 사실을 말이다.

사실 오바마 대통령이나 유재석 씨와 같은 명사들도 낯선 사람들 앞에서는 분명히 긴장을 한다. 다만, 초보자들과는 달리 긴장한 티를 내지 않는 것일 뿐이다. 누구나 긴장을 한다는 것을 인정하는 순간 아이러니하게도 오히려 편해질 수가 있게 된다.

또한 소리의 떨림은 연습을 통해 치유가 가능하다. 우리가 처음에 낯선 음식을 먹으면 긴장을 하지만, 자꾸 그 음식을 먹다보면 친숙해 지듯이, 소리의 떨림도 마찬가지이다.

예전에 어떤 분이 너무 긴장을 한 나머지, 소위 '삑사리'가 났는데, 그 삑사리가 멈추지 않아 청중들이 웃기 시작하고, 그러다보니 더 소리가 떨리는 악순환의 반복을 경험한 적이 있다.

그렇기 때문에, 강단에 서는 순간 일단 심호흡을 하고 스스로 최면을 거는 것이 좋다.

'여기 있는 사람은 사람일 뿐이다. 아무리 잘나봤자 나와 똑같은 실수를 하는 사람일 뿐이다. 여기 있는 사람도 나처럼 다 긴장을 한다. 모두 완벽하지 않은 사람일 뿐이다.'라고 생각을 하라.

그러면 서서히 편안해 질 것이고, 그때부터 본인만의 진정성이 담긴 말을 시작할 수 있게 된다.

# 6
# 빠르거나 느리거나

말의 속도 역시 스피치를 하는데 아주 중요한 역할을 한다.

말은 마치 음악처럼 듣는 이로 하여금 운율을 심어주어야 한다. 그렇기 때문에, 말의 속도는 스피치의 재미를 더해주는 중요한 요소이다.

말의 속도가 빠르면 듣는 사람들이 내용을 따라가기도 힘들고 불편함을 초래하고, 말의 속도가 느리면, 지루함을 안겨줄 수 있다.

그래서 **말의 속도를 듣는 사람들이 편하게 들을 수 있는 속도로 맞춰야 한다.**

물론 그 속도는 사람들의 반응에 따라, 또는 분위기에 따라 다를 수 있는 상대적인 속도이다.

또한, 말의 속도를 너무 빠르지도 너무 느리지도 않게 얘기하라는 것은 전체적인 속도를 얘기하는 것이지, 운율을 살리지 말라는 의미가 아니다.

노래를 할 때, 도입부와 클라이막스 그리고 마지막 부분의 리듬이 다 틀리듯이, 스피치도 마치 음악을 하는 것처럼 운율의 속도를 달리해서 얘기를 해야 귀를 즐겁게 해 줄 수 있다.

가령, 강조를 하는 부분은 좀 더 천천히 그리고 아주 강조를 하는 부분은 침묵을 써서 더욱 강조를 할 수 있고, 넘어가야 하는 부분은 조금 더 속도를 붙이거나 아님 조금 빨리 얘기를 해서 운율을 살려야 한다.

그렇게 되면 스피치를 음악처럼 말을 노래처럼 할 수 있게 되고, 청중들은 귀를 쫑긋 세우고 화자의 얘기에 집중을 할 것이다.

# 7

# 자기만의 나쁜 습관

연단에 서거나 말을 할 때, 사람마다 습관이 다르다는 것을 많이 느끼게 된다.

어떤 사람은 자주 코를 만지는 사람이 있고, 또 어떤 사람은 다리를 흔드는 사람도 있으며, 심지어는 고개를 까딱이거나 혀를 양옆으로 움직이는 사람도 있다.

이처럼 말을 할 때, 좋지 않은 습관들은 보는 사람들로 하여금 그 습관만 크게 보이게 하는 나쁜 영향을 줄 수 끼칠 수 있다.

따라서 이야기에 집중하도록 하는 연습이 중요하다.

한번은 어떤 분이 연단에서 얘기를 하는데, 내용은 너무나 좋은데 그 사람의 이야기를 듣는 것보다 그분의 다리를 떠는 습관과 자꾸 위를 쳐다보는 버릇에만 신경을 썼던 적이 있다.

그리고 어떤 분은 너무나 재미있게 말씀을 하시는데 계속 코를 만지는 습관 때문에 '저 코가 얼마나 더 빨개질까?'라는 생각에 코만 집중했던 경험이 있다.

이처럼 습관이라는 것은 스피치의 내용을 저해하는 중요한 요인이다.

따라서 말에만 집중할 수 있게끔 거울을 보면서 자신의 나쁜 습관이 어떤 것이 있는지를 파악해야 한다.

# 8

# 목석처럼 굳은 표정

연단에 설 때 내용은 좋지만 마치 목석과 같은 표정 때문에 피해를 보는 사람들이 많다.

목석처럼 굳은 표정은 스피치의 내용을 방해할 뿐만 아니라 보는 사람들을 긴장하게 한다.

아무리 내용이 좋더라도 마치 목석처럼 뻿뻿한 표정으로 일관한다면 듣는 이로 하여금 하품을 유발할 수 있다.

예전에 어떤 분의 연설을 들은 적이 있는데 분명 웃긴 얘기고 재미있는 얘기인데, 표정의 변화가 없어서 상당히 충격을 받은 적이 있었다.

그 내용인 즉 "재미없는 사람과 있으면 난방비가 더 듭니다. 왜냐하면, 분위기가 썰렁해지기 때문이지요."라는 얘기였다.

그런데 그분의 표정이 난방비가 더 들 것처럼 심하게 굳은 목석이었다.

그래서 좋은 화자가 되려면 평소에 표정연습을 많이 해야 한다.

거울을 보고 얼굴을 쭉 모았다가 확 피는 연습을 하고 안면근육을 부드럽게 마사지하듯이 손으로 문질러 준다.

그렇게 해서 **굳은 표정을 점차 생동감 있는 표정으로 만들어야 한다.**

9

# 무미건조한 표현

어떤 사람은 스피치의 내용이 좋은데 마치 교장선생님 훈화 말씀 같다고 얘기를 듣는 사람이 있다.

내용이 아무리 좋더라도 표현이 마치 한음을 찍어내듯이 무미건조하다면 듣는 이는 금세 실증을 느낄 수밖에 없다.

**스피치는 음악과 같다.**

오케스트라를 상상해 보라.

그 안에는 피아노, 바이올린, 첼로, 비올라, 오보에, 트럼펫 등 수많은 악기들이 하모니를 이루고 있다.

그리고 크레센도, 데크레센도 등의 강약과 당김음, 변박과 강약

등의 리듬과 템포들이 녹아있다.

그 리듬과 템포의 악기의 연주들이 모여 하모니가 되고 그 하모니는 귀를 즐겁게 해주고 마음을 감동시키는 역할을 한다.

스피치도 마찬가지다.

아무리 좋은 내용도 같은 음으로 자장가처럼 얘기를 한다면 내용은 커녕 듣는 이를 숙면으로 빠지게 하는 지름길이다.

그러려면 음악, 특히 클래식을 많이 접하면서 리듬과 템포를 자연스럽게 익히는 것이 중요하다.

# part 5.
# 다양한 스피치 방법

# 1 자기소개

살면서 우리는 어떤 자리에서건 자기소개를 할 상황을 많이 겪게 된다. 그렇기 때문에 자기소개를 연습한다는 것은 모든 사람을 대면할 준비를 하는 것이다.

자기소개를 하려면, 일단 자신에 대해 알아야 한다. 나의 장단점이 무엇인지 또는 특기는 무엇이고 어떤 가치관을 따르고 있는지 한 번 A4용지에 적어보라.

왜냐하면, 우리는 자기소개를 하는 수많은 공식, 비공식적인 자리에서 자신이 어떤 사람인지를 모르기 때문에 "소개해 보세요."라는 말에 당황하기 쉽다.

**그렇기 때문에 자기소개를 잘하려면 '나 자신'을 잘 알아야 한다.**

자기소개는 단순히 이름을 얘기하는 것이 아니라, 자신이 어떤 사람인지를 인상적으로 소개하는 것을 얘기한다. 물론 모든 상황에서 자신을 인상적으로 소개할 필요는 없다. 중요한 것은 상황에 따른 적재적소의 자기소개이다. 예를 들어, 길을 지나가다가 친구가 아는 사람을 만나 나를 소개하는데, 그때는 구구절절 모든 소개를 할 필요가 없기 때문에, 간단하게 이름만 얘기하고 기분 좋은 인사말을 건네는 것이 상황에 맞다.

소개팅이나 미팅 시의 자기소개는 깔끔하면서 인상적인 소개가 좋다. 가령, 본인이 키가 작을 때는 "안녕하세요. ○○○입니다. 저는 비록 키가 작지만, 오히려 그렇기 때문에 제가 사랑하는 사람을 우러러볼 수 있다." 등의 짧고 간결하면서도 재치 있는 말 한마디를 구사하는 것이 상대방에게 강렬한 인상을 남길 수 있다.

하지만 자신을 비하하거나 지나친 자랑을 통한 소개는 지양해야 할 부분이다. 예를 들어, "저는 뚱뚱합니다. 한마디로 돼지죠. 평생 먹다 죽을 거 같아요." 등의 소개는 인상적이긴 하지만, 자칫 매력을 떨어뜨릴 수 있기 때문에 그런 비하하는 유머는 조심해야 한다.

또한, 술자리 등에서는 진지한 소개보다는 재미있는 소개가 좋다. 너무도 딱딱한 자기소개는 자칫 흥에 겨운 술자리에 찬물을 끼얹을 수 있기 때문이다. 예컨대, "저는 ○○○입니다. 보시다시피 이렇게 말랐습니다. 그래서 살이 찌기 위해, 이렇게 먹다 죽을 수도 있겠구나. 할 정도로 먹어도 토하다 죽을 것만 같아서 포기했습니다." 또는

"저는 향수로 이태리 명품 페브리즈를 씁니다. 그래서 오늘도 섬유질 향기가 나죠." 등의 재미를 주려는 소개는 술자리 상황에 맞을 수 있다.

그리고 자기소개를 할 때는 1분 30초를 넘기면 지루할 수 있기 때문에 간결하게 자신의 특징 등을 한가지로 이야기하는 것이 좋다. 생각해보라. 수많은 사람이 자기소개를 하는데 그 많은 사람들이 나를 기억하려면 얼마나 간결하고 인상적으로 이야기해야 하겠는가.

또한, 소개할 때, "이런 자리에서 어떻게 말을 할지…" 또는, "제가 이런 말을 해도 될지…" 등의 사족을 빼는 것이 중요하다. 그 쓸데없는 말이 이미 1분 이상을 차지하게 되면 듣는 사람들은 지루함을 느낄 수밖에 없다.

다음은 가장 어렵다는 형식적인 자리, 또는 많은 청중들 앞에서 자기소개이다.

입사면접, 또는 발표자리 등에서 우리는 그런 자기소개를 해야 하는데, 이때는 너무 지나친 유머를 구사하기보다는, 청중들에게 신뢰를 주면서 구체적으로 자신에 대한 얘기나 이곳을 지원하게 된 동기에 대해 얘기하는 것이 중요하다.

예를 들어, "저는 ○○○입니다. 저는 중학교 때부터 노인들에 대한 봉사활동을 했습니다. 그 이유는 할아버지의 말씀 때문이었습니다. 제게는 늘 저를 따뜻하게 보살펴 주신 할아버지가 계셨고, 할아버지

께서는 언제나 '어울림'과 '나눔'에 대해서 말씀해 주셨습니다.

그래서 저는 복지사로서 행정업무와 실무업무의 실천 이전에 '나눔'과 '사랑'을 실천하고 싶어서 사회복지 직에 지원하게 되었습니다." 등과 같이 신뢰를 주면서도 구체적인 소신을 얘기하는 것이 좋다.

형식적인 자리에서는 유머를 과하게 사용하다보면 오히려 가벼워 보일 수 있기 때문에, 너무 지나친 유머를 하지 않으려 신경 써야 한다.

물론 형식적인 자리가 강의나 사회라면 얘기가 달라진다. 이때는 적절한 품격 있는 유머를 사용해서 경직된 분위기를 푸는 것이 중요하다.

"안녕하세요. 저는 오늘 이 자리의 사회자 ○○○입니다. 박수가 약하네요. 다시 한 번 입장하겠습니다. 반갑습니다. ○○○입니다. 역시 저의 인기를 실감할 수 있는 자리네요. 저는 오늘 여러분들께 한 가지 약속을 드립니다. 그것은 바로 이 자리가 끝나면 집에 가실 때 '커피 한 잔'이나 '와인 한 잔'을 생각나게 해 드리도록 하겠습니다.

이런 식의 청중의 딱딱한 마음을 여는 인사말과 자기소개를 하는 것이 좋다.

하지만, 가령 "저는 ○○○입니다. 전 술을 좋아해서 한 번 술을 먹을 때, 부모형제 못 알아 볼 정도로 마십니다. 사실 어제도 술을 마셔 지금도 약간 인사불성입니다. 앞으로는 저를 고주망태라 불러주십시오." 이런 소개는 술자리에서는 적당할지는 모르지만, 형식적이고 공식적인 자리에서는 민망한 자기소개가 될 수 있다.

이처럼 상황에 맞는 적재적소의 자기소개는 듣는 사람들로 하여금, 때로는 신뢰를 갖기도 하고, 때로는 즐거움을 주기도 한다.

그렇기 때문에, **내 자신을 어떻게 어필할 지, 그리고 어떤 식의 자기소개를 할지는 살면서 끊임없이 고민해 봐야할 숙제일 것이다.**

# 2 소통의 방법

- 공통관심사를 가지고 얘기할 것
  (날씨, 취미, 여행, 음식, 교육, 스포츠 등)
- 종교, 편중된 정치 얘기는 피하는 게 좋다.
- 즐겁고 긍정적인 얘기를 할 것
- 상대방의 얘기를 경청하고 호응을 해줄 것

**지희** : 오빠는 나 안 보고 싶어?

**영철** : 보고 싶지…

**지희** : 근데 왜 요새 연락 자주 안 해?

**영철** : 아냐 자주 했어… 근데 정말 회사가 정신없어서 그래

지희 : 나보다 회사가 더 중요해?

영철 : 그렇게 말하는 건 아니지. 내가 일부러 안하는 것도 아니잖아.

지희 : 그게 문제야. 난 매일 보고 싶은데 왜 오빠는 그런 생각이 안 들어?

영철 : 나도 그래. 근데 어쩔 수 없을 때가 있잖아.

지희 : 거봐, 오빠 얘기는 다 핑계야.

영철 : 내가 지금 핑계 대는 것처럼 보여?

지희 : 왜 화를 내? 왜 화를 내냐구!!

왜 갈등이 생길까?

그것은 '나의 주장은 옳고 상대방은 틀리다.' 라는 편협한 생각에서 비롯된다.

지금 위에 저 두 사람은 사랑을 하는데 다투고 있다.

그런데 문제는 다투는 이유다. 남자는 회사 일 때문에 어쩔 수 없다고 하고, 여자는 회사와 자기 중 선택하라고 하고 한다. 그런데 사실 이 문제는 남녀 간의 차이에서 비롯된다.

차이를 인정하지 않고 자기위주의 소통을 하려하기 때문에 갈등이 생긴다.

옛말에 "가는 말이 고와야 오는 말이 곱다"라는 말이 있듯이, 내가 그 사람에게 존중을 받으려면 먼저 존중을 해야 한다.

그렇기 때문에, 먼저 상대방을 챙겨주고, 자꾸 칭찬해 주고, 고민을 진심으로 들어주다 보면, 사이가 더 돈독해질 수밖에 없다.

가족 사이는 소통의 부재와 오해로 인해 오히려 더 소원해질 수 있다.

서양 속담 중에 "가까운 지인이 먼 친척보다 낫다"라는 말은 이와 같은 경우를 두고 한 말이다.

아빠와 아들이 얘기를 한다.

**아빠** : 지금 뭐하니?

**아들** : 공부해요.

**아빠** : 요새 무슨 고민 있니?

**아들** : 아니요 없어요.

**아빠** : 그런데 안색이 왜 그래?

**아들** : 원래 그래요.

**아빠** : 그렇구나.

저 위의 대화들은 전부 '자기위주의 듣기' 즉, 듣고 싶은 것만 듣는 버릇에서 비롯된 것이다.

**듣는다는 것은 마음을 헤아린다는 것이지 소리를 듣는 것이 아니다.**

상대방의 말을 진심을 기울여서 들어보라. 그러면 상대방이 원하는 게 무엇인지, 그리고 어떤 부분 때문에 힘들어하는 지를 잘 이해할 수 있다.

다시 아빠와 아들이 얘기를 한다.

**아빠** : 지금 뭐하니?

**아들** : 공부해요.

**아빠** : 요새 무슨 고민 있니?

**아들** : 아니요 없어요.

**아빠** : 그런데 안색이 왜 그래?

**아들** : 원래 그래요.

**아빠** : 아냐, 무슨 고민이 있는 것 같은데, 예전과 많이 안색이 달라

**아들** : 그냥 그래요.

**아빠** : 얘기해봐, 아빠도 네 나이 때 여러 가지 고민이 많았어, 학교생활 때문이니?

**아들** : 네 그냥. 좀.

**아빠** : 음. 학교가 많이 널 힘들게 하는구나, 괜찮으니까 말해봐. 친구 문제니?

**아들** : 네.

이번엔 자기위주의 듣기가 아닌 상대방의 입장에서 들어줄 때의

모습이다

상대방의 입장에서 상대방의 마음을 헤아리는 것이 중요하다. 즉 귀로 듣는 것은 들리는 것이지 이해하거나 공감하는 것이 아니라는 것이다.

급변하는 시대일수록, 빠름을 요구하는 시대일수록 '자기 위주의 생각' 역시 가속화 될 소지가 다분하지만, 그러면 그럴수록 사람관계는 더욱 소원해 질 수밖에 없다.

친한 친구나 가족 사이일수록 오히려 예의를 더 지켜야 한다. 편하다고 해서 함부로 하는 것만큼 관계를 멀게 하는 것은 없다. 가족일수록 더욱 칭찬을 해주고, 아껴줘야 한다.

왜냐하면 가족만큼 자기편이 되어주는 곳은 없기 때문이다.

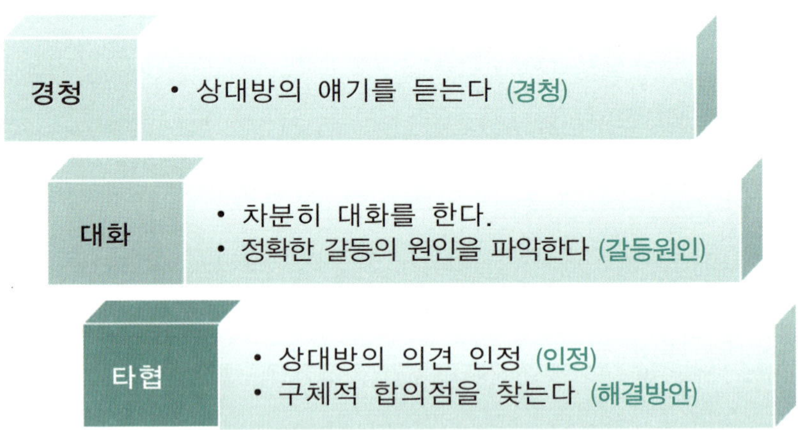

소통의 방법은 먼저 '경청'하는 것이다. 그러고 나서 '대화'를 해야 하고 그리고 나서 '조율'을 해야 한다.

상대방의 이야기를 진심으로 경청했다면 다음의 과정은 '대화'이다.

대화에서 중요한 부분은 갈등의 원인을 적극적으로 찾고 긍정적으로 대화의 분위기를 이끄는 것이다. 상대방과 얘기를 하다보면 마찰이 있게 된다. 그럴 때 그 사람과 왜 갈등이 생겼는지 그리고 그 사람이 원하는 것이 무엇인지를 정확히 헤아려야 하고 칭찬과 인정으로서 긍정적인 대화를 이끌어야 한다.

헤어지는 커플들을 보면 기대치가 높기 때문에, 내가 하는 것보다 오히려 받기를 원했기 때문에, 내가 다가가는 것보다 다가오기를 바랐던 알량한 자존심 때문에 헤어짐의 원인을 제공하는 사례들을 많이 본다. 사랑에는 '자존심'이 필요가 없다. 오히려 사랑을 방해하는 '장애물'인 것이다.

지인, 친분 등도 마찬가지다. 모두 사람과의 관계다.

그리고 사람관계에서는 한가지로 통하는 게 있다. 그것은 바로 먼저 그 사람에게 다가가고, 인정해주고, 칭찬해주는 것이다. 먼저 다가갔을 때 적대감을 느끼는 사람은 거의 없다. 먼저 마음을 열고, 진실로서 사람을 대하라.

그럼 그 사람도 결국 마음을 열게 되어 있다. 그리고 '진실한 관계'가 형성이 되는 것이다. 그것이 사람과의 '관계'를 형성하는 방법이다.

이제 소통의 마지막 단계인 '타협'이다.

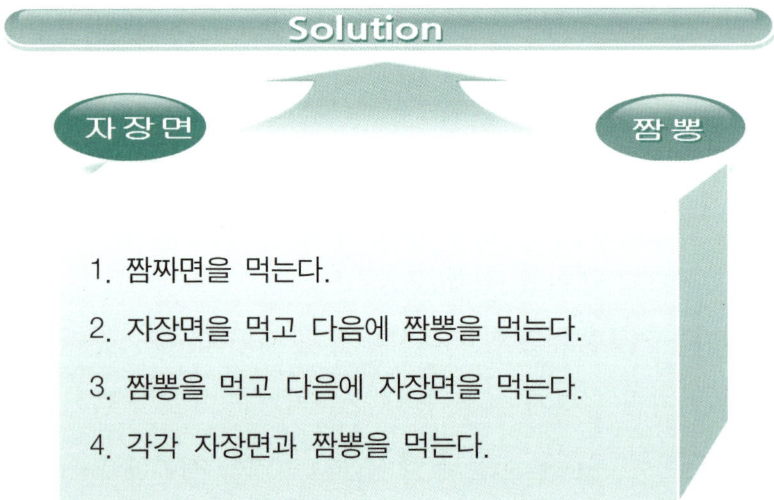


타협의 해결방안은 바로 상대방에 대한 '배려와 양보'이다.

가장 좋은 방법은 서로의 원하는 바를 동시에 얻는 것이지만, 그것이 힘들 경우에는 먼저 양보하고 그리고 나서 상대방에게 주장을 해야 한다.

양보가 선행되지 않는 타협은 있을 수 없다.

그것은 결국 갈등만 나을 수밖에 없다. 상대방에게 요구하기 전에 먼저 자신의 어떤 부분을 양보하라. 그럼 상대방도 어느 정도 양보를 할 수 밖에 없게 된다.

3

# 토의, 토론

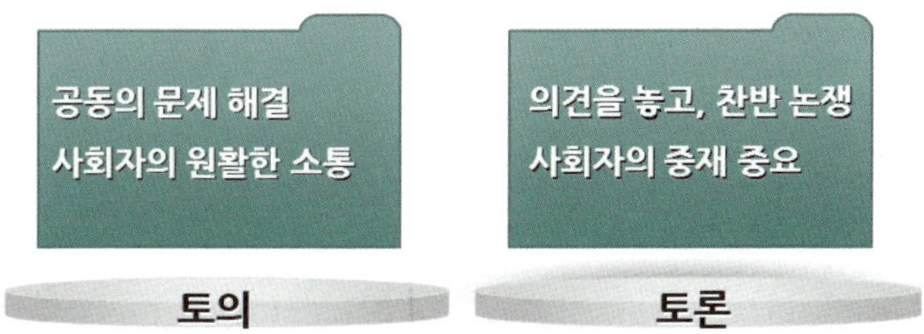


토의는 서로 어떠한 주제를 갖고 논의를 하는 것이고, 토론은 자신의 주장을 상대방에게 펼쳐 설득을 시키는 것이다. 따라서 토의는 공동의 문제를 해결하는 것이므로 상대방의 얘기에 먼저 경청을 하고 반응 및 호응을 하며 구체적인 방안을 얘기하는 것이 원칙이다.

가령, 토의 주제가 '악성 댓글에 대한 대책'이라고 하자.

A : 인터넷 악성 댓글을 다는 이유는 익명성이 보장되어서입니다. 그렇기 때문에 인터넷 실명제가 반드시 실행되어야 합니다.

B : 물론, 인터넷 실명제로 인해 제도적으로 악성 댓글이 줄어들 수 있습니다만, 그로 인해 개인의 자유 역시 줄어드는 단점이 있습니다. 그렇기 때문에 모든 사이트에서 실명제를 하는 것보다는 개인적인 신변이나 악성 댓글에 대한 우려가 있는 부분에 한해 제한적으로 실명제를 거론하는 부분도 검토되어야 합니다.

이처럼 토의에서는 상대방에 대한 경청과 이해 그리고 구체적 방안제시가 중요하다.

이에 반면, 토론의 경우는 '설득과 논증'이 중요한 부분이다.

설득이라는 것이 자신의 의견을 남에게 일방적으로 주입하는 것이 아니라, 상대방의 이야기를 듣고 좋은 것은 인정하고, 자신의 의견을 주장하는 것이다.

가끔 100분 토론과 같은 프로그램을 보면, 아예 상대방의 얘기는 듣지도 않고, 처음부터 묵살해버리는 광경을 자주 볼 수 있다.

그러한 것은 설득이 아니라, 자신의 의견을 주입해 버리는 것 외에는 아무것도 아니다.

토론에서 자신의 주장을 얘기할 때는 일목요연하게 논리적으로 얘기해야 한다.

가령, '체벌'에 대한 얘기를 할 때, 만일 체벌을 금지해야 한다면 왜 금지를 해야 하는지에 대해 논리적으로 얘기하지 않고, 단지 체벌은 금기시되어야 한다는 추상적 논증을 펼친다면 듣는 이의 귀에 쏙쏙 들어오지 않는다는 것이다.

구체적 주장과 논증이란, "대한민국 헌법 1조에서도 나와 있듯이, 누구나 존중을 받고 하나의 인격체로서 대우를 해야 하기 때문에, 체벌을 그 어떤 방법으로도 용납될 수 없습니다."라고 구체적으로 풀어서 말을 하는 것이다.

반대의 경우도 "인격체로서 존중을 하는 것은 맞지만, 권리는 스스로 의무를 다할 때 주어지는 것이므로, 더 이상 어떠한 방법으로도 고쳐지지 않는다면, 아이와 대의를 위해 이성적인 체벌을 가능하다고 주장합니다." 등의 구체적인 진술로서 주장을 하는 것이 관건이다.

따라서 어떤 주장을 펼칠 때는 반드시 일목요연하게 사실에 근거해서 얘기를 해야 신뢰가 갈 수 있다.

그 다음 중요한 부분은 '논증의 방식'이다. 이미 앞서서 논리시간에 충분한 얘기를 한만큼 요약해서 설명하자면, '구체적 전개', '삼단논법', '변증법적 논리'로서 논증을 하는 것이다.

구체적 전개는 "저는 군가산점 제도에 찬성합니다. 왜냐하면, 20대에 피 끓는 청춘기에 나라와 국민을 위해 봉사를 한다면 거기에 합당한 보상을 해야 함은 당연한 권리이기 때문입니다." 이렇게 인과, 예시, 비교, 대조, 비유 등으로 설명하는 것이다.

삼단논법은 "모든 국민은 행복추구권이 있습니다. 김철수씨도 비록 범죄를 저질렀지만 우리나라의 국민입니다. 따라서 김철수씨 역시 행복을 추구할 권리가 있는 것입니다."라고 대전제-소전제-결론으로 전개를 하는 방식이다. 이때 중요한 점은 소전제는 대전제의 범위에 반드시 포함되어야 한다. 그렇지 않으면 논리가 성립되지 않는다.

마지막으로 변증법의 논리이다. "모든 국민은 행복추구권이 있습니다. 하지만, 사람을 살해한 범죄자에게 그 권리를 부여하는 것은 어패가 있습니다. 따라서 행복추구권의 범위를 제한해야 함은 마땅합니다."라고 전개하는 방식이다. 변증법은 정-반-합의 논리이며 어떠한 전제를 내고 그 전제에 반하는 논리를 펼쳐서 결국 조율과 통합을 한다는 논리이다.

토의, 토론을 할 때 빠질 수 있는 함정은 바로 일반화의 오류와 감정호소의 오류, 흑백논리의 오류 등이다.

- 흑백논리

너는 사과를 좋아하지 않는구나.

그럼 사과를 싫어하는 거야.

• **일반화**

너는 사과를 좋아하지 않는구나.

그럼 대부분 사과를 좋아하지 않는 거야.

• **감정호소**

반드시 무상 의료보험을 실시해야 해.

우리 어머니가 아프시거든.

일반화의 오류란 어떤 예로 든 논지와 논술이 마치 모든 경우에 해당되는 것처럼 일반화를 시키는 것을 말한다.

가령, "저도 제 친구도 놀이동산을 좋아하지 않습니다. 그러므로 대부분 놀이동산에 가는 것을 좋아하지 않죠."라고 말을 했을 때 몇 사람이 좋아하지 않는다고 해서 모두 싫어하는 것은 아니기 때문에 모든 것을 일반화시킨다는 것은 어폐가 있다는 얘기이다.

또한, 감정호소의 오류란 "지금 시대에 얼마나 불쌍한 사람들이 많습니까? 자영업자 그리고 임시직 노동자들 모두 힘겹게 일하고 있습니다. 이들 모두에게 상여금을 지급해야 한다고 생각합니다." 등으로 감정적인 방법으로 호소를 하는 경우다.

그리고 흑백논리의 오류는 "당신은 분명 저를 싫어하지 않습니다. 그렇기 때문에 저를 좋아하는 것이 확실합니다." 라고 얘기하면서 '이것이 아니면 저것이다.'라고 양분화 시켜 얘기를 하는 것을 말한다.

이런 오류들은 토의, 토론 시 논리적이고도 구체적인 논증을 방해하는 요소이다.

또한 설득을 할 때 주의할 점은 **먼저 상대방의 얘기를 듣고 인정할 것은 인정하고 그리고 주장하거나 얘기할 것을 말해야 한다는 점이다.**

그리고 상대방이 얘기하는 논지를 잘 숙지한 후 일관성을 갖고 그 논지에 대해서만 얘기해야 한다.

예전에 어떤 토론회에 참석한 적이 있었는데, 거기에 패널로 참석한 어떤 분이 '학교폭력에 대해 얘기하다가 자신의 얘기만 나열하며 어렸을 때 어떠했고 그래서 지금은 어떠했다.'라고 에피소드의 나열로 줄곧 토론을 한 적이 있어 눈살을 찌푸린 적이 있었다.

그 분의 잘못된 부분은 상대방의 얘기를 듣지 않고 자신의 얘기만을 했다는 점이고 두 번째는 그 논지와 벗어나는 이야기를 많이 해서 토론의 집중력을 저해시켰다는 점이다.

이처럼 토의와 토론은 집중을 요하기 때문에 더욱 상대방의 경청에 대한 이해가 중요하다.

# 4

# 프레젠테이션

이 빈 화면에 무엇을 채울 것인가? 그리고 무엇을 누구에게 말을 할 것인가?

프레젠테이션이란, 일반적으로 "자신의 의견이나, 경험, 노하우, 상품판매 등의 정보를 상대방에게 이해시키고, 자신의 의도한 결과를 이끌어 내기 위한 적극적인 행위"이다.

효과적인 프레젠테이션은 단순히 어떤 정보의 전달이나 상품구매를 자극하기 위한 내용의 효율성 뿐 아니라, 청중에게 그 내용을 생생하게 전달할 수 있는가가 중요한 관건이다.

즉, 프레젠테이션은 상황과 목적에 따라 청중 앞에서 구두로 전달하고자 하는 내용을 표현해야 하므로 적절한 시청각 자료 활용능력, 정확하고 명료한 음성전달 능력 및 자신감 있는 태도 등 다양하고 종합적인 커뮤니케이션 능력이 필요하다.

먼저 '무엇을 말할 것인가?'를 고민해야 한다. 프레젠테이션의 핵심은 바로 '핵심키워드'를 찾는 것이다. 할 말이 없는데 말을 하는 것보다 말을 안 하는 것이 낫다. 즉, 청중에게 꼭 필요한 것을 말해야 하고 다시 말하면 청중이 얻어갈 수 있는 것을 말해야 한다.

**성공적인 프레젠테이션을 위해서는 철저한 청중 분석과 내용 분석이 필요하다.**

청중분석을 위해서는 청중들의 연령과 교육 정도, 수준, 규모 등의 다양한 관점에서 청중들의 이해와 지식을 확보하는 것이 필요하다. 또한 소속, 지위, 전공, 연령까지 총동원해서 세밀하게 접근하는 것이 중요하다.

이때 내용 분석은 효율적인 프레젠테이션을 위한 하나의 요소로서 반드시 청중이 원하는 내용을 지니고 있어야 한다.

**스토리**

1. 핵심키워드
2. 일관성과 축약성
3. 설득력 있는 스토리텔링

PPT 스토리텔링에서 키포인트는 '핵심'이다. 무엇을 말하고자 하는가가 분명해야 한다.

가령, A사의 디자인을 가지고 프레젠테이션을 한다면, 청중에게 얘기하고자 하는 것이 무엇인지가 명확해야 한다는 것이다. A사 디자인의 문제점이 핵심인지 아니면 A사 디자인의 판매가 중점인지 말이다.

또는 임진왜란을 가지고 프레젠테이션을 할 때도 임진왜란의 배경에 초점을 둘 것인지 아님 임진왜란 자체가 핵심인지 또는 임진왜란의 결과가 핵심인지에 대해서 명확히 하라는 것이다.

일관성만 있다고 좋은 스토리텔링은 아니다.

PPT에서의 스토리텔링은 핵심과 더불어 흥미와 감동이 있어야 한다. 아무리 내용이 좋아도 청중이 감동과 재미를 느끼지 못한다면 그 프레젠테이션은 실패했다고 봐도 무방하다.

스티브잡스의 프레젠테이션을 보면 분명한 핵심과 더불어 흥미, 더 나아가서 감동까지 준다. 그것이 좋은 프레젠테이션이다.

여기서의 내용 분석은 서론, 본론, 결론을 효과적으로 구성하는 방법이다. 서론은 도입부로써 프레젠테이션을 하는 취지와 목적을 담고 있어야 한다.

가령, A사의 신제품의 매출을 높이는 전략에 대해 프레젠테이션을 하려고 한다. 서론은 현재 A사와 B사의 매출 실적과 매출 현황을 비교한다.

그래서 청중들로 하여금 정확한 매출 현황에 대한 정확한 사실을 인지하도록 정보를 전달하는 것이 중요하다.

본론은 A사의 신제품의 문제점을 지적한다.

기능적인 측면, 디자인, 그리고 소비자의 구매심리가 감소하는 원인 등을 아주 날카롭고 정확하게 진단한다.

본론을 이끌어 갈 때는 냉철한 분석과 판단이 중요하다. 그래서 청중들이 지금의 문제점에 대해 심도 있게 고민할 수 있도록 유도하고 공감하도록 만드는 것이 중요하다.

결론은 앞으로의 해결책을 제시해 준다.

그래서 판매실적을 높이려면 어떠한 방법으로 접근해야 하는 지,

또한 마케팅전략과 소비자들의 구매 욕구를 자극하기 위한 여러 가지 대안을 내 놓는다.

이때 중요한 점은 현실적으로 해결가능한 방안과 실천방안을 분명히 그리고 구체적으로 제시해야 한다는 것이다.

위의 프레젠테이션은 상품구매에 대한 전략이고 다음은 정보제공에 대한 프레젠테이션에 대한 예이다.

가령, 입사를 위한 자기소개서를 예로 들자면, 서론은 성장배경이나 자라온 환경에 초점을 맞춘다. 그래서 여러 자료들을 갖고 지금의 나를 있게 만든 배경에 대해 청중들에게 호기심을 불러일으키도록 재밌고 인상적으로 설명하는 것이 중요하다.

본론은 여러 가지 실적이나 활동경험을 아주 구체적으로 적는다. 이때 중요한 것은 사실에 입각해서 가령 회사의 입사를 위한 자기소개서라면 그 회사에 필요한 경력을 우선으로 구체적으로 적는 것이 중요하다. 그래서 자신이 왜 이 회사에 필요한 사람인지 왜 이 회사에 꼭 들어와야 하는 것인지 설득력 있게 풀어나가야 하는 것이다.

마지막으로 결론은 앞으로 회사에 들어오고 나서 어떤 자세로 일을 할 것인지, 또는 앞으로의 계획에 대해 매우 진취적이고도 인상적인 비전을 제시해야 한다.

이처럼 프레젠테이션의 스토리텔링은 '전제 형', '결론 형', '문제 제기 형', '주위 환기 형' 등의 스토리텔링이 있는데 핵심키워드에 따라 어떠한 스토리텔링으로 접근해야 할지를 고민하는 것이 중요한 것이다.

그렇다면 과연 내용만 좋다면 그것이 좋은 프레젠테이션일까?

그렇지 않다. 내용도 중요하지만 그 내용을 얼마나 인상적으로 표현하느냐가 관건이다.

### 디자인

1. 스토리와 유기적인 구성
2. 슬라이드 배경
3. 색상, 글씨(가독성)
4. 도표, 수식 및 영상
5. 애니메이션(정적, 동적)

PPT 디자인을 할 때 가장 먼저 생각해야 하는 것은 '핵심'이다. 말하고자 하는 핵심에 따라 디자인은 가장 적절하게 핵심을 표현하기 위한 좋은 수단이 되어야 한다.

또한, 핵심과 주제가 계획이 되었다면 그 주제를 부각할 수 있는 홍미로운 디자인이어야 한다.

**하지만 허울만 좋은 디자인은 좋은 디자인이 아니다.**

반드시 주제와 핵심을 받쳐 주는 역할을 해야 한다는 것이다.

가령, 판타지 영화를 예를 들어 보자.

영화의 주제가 있는데 주제와는 상관없는 화려한 CG와 볼거리만 가득하다고 해서 좋은 영화인가? 오히려 수려한 CG와 볼거리는 영화의 주제를 깎아내릴 수도 있다.

중요한 것은 주제를 부각할 수 있는 CG와 볼거리를 만들었을 때 그 영화는 완성도가 생긴다는 점이다.

프레젠테이션 디자인도 마찬가지이다. 핵심과 주제에 맞는 디자인이 좋은 디자인인 것이다.

어떤 PPT를 보면 지나치게 애니메이션을 남발하거나 영혼 없는 색감과 디자인으로 프레젠테이션을 방해하는 경우가 있다. 또한 PPT를 디자인을 할 때는 청중의 홍미를 고려해야 한다.

디자인 구성을 할 때 평면적인 느낌보다 입체적인 느낌이 훨씬 청중들에게 인상을 심어줄 수 있다. 가령 10개의 슬라이드를 구성하는데 각 슬라이드를 도표로만 구성하는 것보다 도표와 영상 등 다양한 수식을 넣는 것이 더 입체적으로 보인다.

물론 PPT마다의 특징이 있기 때문에 모든 PPT에 도표와 수식 그리고 영상이 들어갈 필요는 없다. 하지만 다채롭고 다양한 시각으로 구성을 하는 습관 그리고 보다 넓은 시각으로 PPT 디자인을 바라보아야 한다. 이때도 청중이 원하는 것이 무엇이고 그 PPT를 통해서 청중이 무엇을 얻어갈 것인지에 대한 고민이 우선이 되어야 한다.

**발표자**

1. 명확한 내용 전달력(음성, 발음)
2. 생동감 있는 화술(음의 강약, 고저, 강조)
3. 시선처리와 제스처(시선, 정적, 동적 움직임)
4. 유연한 태도(질의응답, 유연한 대처)
5. 비언어적 설득과 논리적 설득

발표할 때 논리적인 설득은 청중의 '뇌'를 자극하지만, 비언어적인 설득은 청중의 '마음'을 사로잡는다.

따라서 비언어적인 표현을 통해 청중의 마음을 얻는 것이 무엇보다 중요하다.

발표할 때 부정확한 발음은 청중들에게 피로감을 준다. 또한,

목석과 같은 표정과 자기만의 나쁜 습관도 프레젠테이션의 내용을 방해하는 요소이다.

따라서 화자는 정확한 발음과 안정된 소리로 내용을 전달하는 것이 무엇보다 중요하다.

또한, 표정 역시 발표에 중요한 역할을 한다.

부드럽고 밝은 표정은 청중에게 신뢰감을 줄 수 있고, 반대로 어둡고 부정적인 표정은 청중을 답답하고 경직되게 만드는 요인이다.

그렇기 때문에 평소에 거울을 보고 웃는 연습을 하거나 사람들을 대할 때 웃는 얼굴로 대하는 것은 무척 중요한 일이다.

아무리 좋은 내용이라도 그 표현이 지루하거나 딱딱하다면 청중들은 그 프레젠테이션에 집중을 하기가 힘들다. 그렇기 때문에 내용을 어떻게 귀에 쏙쏙 들어올 수 있게 인상적으로 말하는가가 중요하다.

**프레젠테이션을 인상적으로 표현하기 위한 키워드는 바로 '리듬과 템포'이다.**

이 '리듬과 템포'에 대해서는 지난 장에서도 충분히 언급했지만 프레젠테이션을 바탕으로 한 번 더 풀어보자.

바로 음의 고저와 강약 그리고 강조와 변화를 통해 리듬과 템포를 만들 수 있다.

가령 자기소개를 프레젠테이션 하는 데 있어서 '서론'을 자라온 환경, '본론'을 자신의 능력과 가능성에 대해, '결론'을 앞으로의 계획으로 내용을 구성했다고 하자.

그리고 그 내용 중에 "제가 가진 가장 중요한 능력은 바로 '자신감'과 '소통'이다."라고 말하는 부분이 있을 때, '제가 가진 중요한 능력은'을 조금 큰소리고 얘기하고 '자신감과 소통'을 한 템포 쉬고 작은 소리로 얘기한다면 후자가 더 강조될 수 있다.

또한, '제가 가진 중요한 능력은'을 조금 빨리 얘기하고 '자신감과 소통입니다.'를 천천히 얘기하는 것도 후자를 강조하기 위한 좋은 방법이다.

하지만 프레젠테이션의 경우는 조금 형식적인 스피치이기 때문에 리듬과 템포를 너무 남발하거나 마치 사회를 진행하듯이 가벼운 느낌을 주는 것은 역효과를 나을 수 있다.

그렇기 때문에 진중한 느낌을 주되 지루하지 않고 인상적인 프레젠테이션을 위해 집어줄 부분을 정확히 집어주고 강조할 부분을 톤의 변화와 리듬과 템포를 통해 얘기한다면, 내용뿐만 아니라 표현 역시 인상적이고 감동적인 프레젠테이션으로 마무리할 수 있다.

영화를 볼 때 처음에 재미없으면 그 영화는 성공하지 못할 확률이 매우 높아진다. 여기서의 재미란 웃기는 것을 얘기하는 것이 아니라 '흥미'를 얘기한다.

프레젠테이션을 할 때 제목, 소제목 등이 그래서 중요한 것이다.

제목과 소제목은 청중들에게는 첫인상과 같은 것이기 때문에 가급

적이면 시작부터 청중을 사로잡을 수 있는 '홍미'를 유발할 수 있는 내용이어야 한다.

가령, 정보 프레젠테이션을 할 때 '금연'이라는 제목보다는 '담배를 피우면 안 되는 10가지 이유' 또는 '당신의 폐는 몇 살입니까?'라는 제목이 더 시선을 사로잡을 수 있다. 물론 너무 자극적인 소재나 허황된 제목은 오히려 반감을 일으킬 수 있기 때문에 이야기의 주제에 맞는 적합한 제목이어야 한다.

판촉 프레젠테이션도 마찬가지이다.

'A사 판매해결책'보다는 '20% 매출 증진을 위한 판매방법', '30대를 끌어들이기 위한 마케팅' 등의 구체적이면서 홍미를 줄 수 있는 제목으로 하는 것이 더 좋은 방법이다.

물론 모든 소제목마다 자극을 주게 되면 과유불급이라고 오히려 악영향을 끼칠 수 있다. 즉 모든 부분을 다 강조하는 것이 아니라, 제목, 특정 부분 또는 꼭 강조해야 할 부분에 홍미를 유발하라는 것이다.

제목과 소제목에 홍미를 유발했다면 다음은 디자인이다.

디자인은 이야기를 받쳐줘야 한다. 이야기가 드라마에서 '주연'이라면 디자인은 '조연'으로 주연을 받쳐 주는 역할을 해야 한다.

이야기에 맞는 강조할 부분에 있어서의 색상과 디자인 또는 템플릿 다이어그램을 디자인하는데 있어서도 진부한 디자인보다는 새롭고 신선한 느낌이 훨씬 더 청중에게 흥미를 줄 수 있다.

이때 이미지나 동영상으로 흥미를 유발하는 것도 좋은 방법이다. 또는 새로운 퍼포먼스 가령, 간단한 마술이나 이벤트를 준비하는 것도 아주 신선한 방법이다.

'흥미'와 더불어서 중요한 부분은 '감동'이다.

프레젠테이션에서의 감동은 '이야기의 진정성'과 '적절한 디자인' 그리고 '발표자의 전달력'에 따라 좌우될 수 있다.

가령, 스티브 잡스의 프레젠테이션을 보면 심플한 디자인에 신제품에 대한 당위성과 발표자의 확신이 어우러져 감동을 준다. 우리가 프레젠테이션을 한다고 하면 보통은 자신만의 프레젠테이션을 하는 경우가 대부분이다.

그 이유는 딱딱한 제목에 지루한 내용 그리고 고루한 표현까지 더불어 잠을 자게 하는 프레젠테이션을 하기 때문이다.

지금 책을 읽는다면 다시 한 번 생각해 보라.

스스로가 어떻게 PPT 구성을 하고 있는지 정확한 핵심을 가지고 얘기하는지, 발표를 할 때 표정이나 화술, 제스처가 지루하지는 않은지 그러한 부분을 유심히 생각해 봐야 한다.

감동적인 프레젠테이션의 기본은 진정성이다.

진정성을 바탕으로 청중에게 자신의 이야기를 제대로 설득시키는 것이다.

청중을 설득시키는 것은 생각보다 쉽지가 않다. 그러므로 청중의 마음을 움직이려면 정확한 자료와 정보 외에도 발표자의 치열한 고민이 담겨있어야 하고, 그 고민을 해결하고자 하는 노력이 PPT에 고스란히 담겨있어야 한다.

이제는 프레젠테이션에 대한 청중의 눈높이가 많이 올라간 만큼, 누구나 예상할 수 있는 전개나 진부한 문구나 표현은 삼가고 청중의 흥미를 유발할 수 있고 설득을 할 수 있는 PPT와 프레젠테이션을 구상해야 한다.

프레젠테이션 내용을 가지고 심혈을 기울여 고민해 보아라. 진정성 만큼 청중을 설득하는 것은 없다. 또한, 매력적인 PPT가 완성되었다면 마치 공연을 하듯이 반복적으로 거울이나 대상 앞에서 리허설을 해야 한다.

**'진심과 노력'이야 말로 프레젠테이션을 성공적으로 이끄는 키워드이다.**

# 5
# 면접

Tip

1. 자신만의 인상적인 자기소개와 자소서
2. 지피지기면 백전백승(철저한 기업조사)
3. 모든 질문에 대한 완벽한 시뮬레이션
4. **면접관과의 기 싸움에서 침착함 유지**

면접의 첫 번째는 자기소개다. 자기소개는 첫인상이기 때문에 1분 이내의 시간 동안 '나'라는 사람을 면접관에게 인상적으로 알리는 것이다.

자기소개는 인위적이지 않으면서 나만의 개성과 장점을 알려야 한다.

예를 들어, "안녕하세요. 저는 ○○○입니다. 사람이 살면서 가장 중요한 점은 인내심과 배려라고 생각합니다. 전 다른 건 몰라도 어렸을 때부터 대학 때까지 회장을 도와 팀원들을 아우르는 능력과 인내심은 몸에 배어 있다고 생각합니다."

자기소개의 포인트는 나에 대해 정확히 알고 나만의 장점과 개성을 파악하는 것이다. 그 파악이 끝나면 인위적이지 않고 자연스러워 보일 때까지 음성, 발음, 표정을 계속 연습해야 한다. 이때 녹음기보다 더 좋은 것은 핸드폰이나 카메라를 이용해 틈틈이 자신의 자기소개 또는 1분 스피치 모습을 촬영하고 점검하는 것이다.

**면접은 크게 인성면접, 실무면접, 압박면접, PT면접, 토론면접으로 나눌 수 있다.**

인성면접은 면접에 있어서 부담스러워 하는 과정 중 하나이다. 기업에서 공을 들여 인성면접을 하는 이유는 바로 '좋은 사람'을 뽑는 일이기 때문이라고 할 수 있다. 실제로 성적과 적성으로 인재채용을 했는데 소통과 커뮤니케이션에서 문제가 많아 골칫덩어리로 전락하는 사원이 많은 만큼 기업에서도 점점 신중히 생각하는 면접이 바로 인성면접이다.

성적만으로는 판단할 수 없는 개개인의 사고방식이나 가치관을 세밀하게 관찰할 수 있는 방법이다. 인성면접에서 긍정적인 이미지를 남기고 최종합격을 이루어내기 위해서는 이에 대한 대비가 필요하다.

인성면접은 말 그대로 지원자의 성격과 관련한 덕성 및 인성을 보고자 하는 것이 목적이기 때문에 소신 있게 말하는 것도 중요하지만, 그것보다 더 중요한 것은 바로 면접에 임하는 태도다.

바른 모습을 보여주려는 나머지 긴장해서 옷을 자주 만지거나 손을 주무르는 경우 또는 다리를 떨거나 머리카락을 만지는 경우가 많으니 이 점에 대해 각별히 신경 써야 한다.

이에 반해 실무 또는 적성면접은 실무적인 자질이나 적성을 보는 면접유형이다.

실무면접에서 중요한 부분은 바로 실무에 대한 '명철한 지식과 분명한 소신'이다.

예를 들어, 대학면접 국어국문과에서 시적 허용, 카프 등에 대한 국문과에 맞는 소양과 지식에 대한 지식을 물어봤는데, 거기에 대한 답변이 충분하지 않을 경우 적성에 적합하지 않다고 판단할 수 있다. 기업에서도 마찬가지다. 대기업, 공기업 또는 일반기업에서의 실무면접은 굉장히 날카롭다.

가령, 광고회사 면접시험에서 "광고일과 관련된 경험이 있나요?"라고 물었을 때는 "제가 대학 때 광고 동아리를 들었는데 그곳에서 광고기획 디자인 및 분석을 통해 이론적인 지식을 쌓았고, ○○회사에 아르바이트로 일을 하면서 꾸준한 실무지식을 쌓았습니다."라고 구체적인 근거로 얘기해야 한다. 외국계기업에서는 당연히 영어나 외국어에 대한 실무능력이 중요하기 때문에 외국어로 유창하게 소통할 수 있는 능력을 배양해야 한다.

압박면접은 기업면접이나 최종면접 또는 공무원면접에서 주로 하는 네거티브 면접유형이다. 말 그대로 어떻게 하면 면접자를 당황하게 할까를 연구한다.

그렇기 때문에 생각지도 못한 또는 날카롭게 허를 찌르는 질문에 대응하는 대범함과 침착함 그리고 유연성이 아주 중요하다. 마치 칼이 자신의 앞으로 오는 상황에서도 똑바로 칼을 쳐다볼 줄 아는 '호연지기'가 중요한 것이다.

가령, 성적이 좋지 않네요?"라고 물었을 때 "네, 성적은 하지만 성격은 좋습니다."라고 말하는 것은 센스가 탁월한 답변이지만, "성적이 왜 중요하죠?"라든가 "네 성적이 안 좋습니다. 제가 좀 머리가 나쁜 것 같습니다."라는 대답은 유연함이 떨어지는 답변이다.

그런 대범함과 센스를 키우는 능력은 바로 연습이다. 꾸준한 연습을 통해 어떠한 질문에도 당황하지 않고 여유를 가지고 면접관에게 대처할 수 있는 훈련을 해야 한다.

또 하나의 면접형태로 '토론면접'이 있다.

토론면접은 4명~6명 정도가 조를 이루어 주제에 따른 찬반논쟁을 벌이는 면접이다.

가령, '군대 가산점'에 대한 찬반 토론을 할 때 찬성과 반대 기조 연설, 그리고 찬반 토론, 최후변론 식으로 구성이 된다.

토론 면접에서 중요한 부분은 **논지의 핵심, 사실적 근거, 논리적 전개이다.**

예를 들어 '군대 가산점'에 대해 찬성을 한다고 했을 때, 2년이라는 시간 동안 희생을 했기 때문에 사회적 보상이 필요하다는 '논지의 핵심'을 갖고 있어야 하는 것이 중요하다. 그리고 논지를 풀어갈 때는 가령, 군대에서 2년간 어떻게 희생했고 그 시간을 어떻게 보내는지를 구체적인 근거로서 얘기해야 한다. 마지막으로 서론, 본론, 결론을 매끄럽게 이을 수 있는 논리적 전개가 요구된다.

또 다른 형태로 'PT 면접'이 있다.

PT 면접은 A4용지에 목차와 핵심내용을 적어 프레젠테이션을 하는 것이다. 이때는 명확한 핵심논지를 가지고 스토리텔링을 전개해야 한다. 면접관이 처음부터 끝까지 집중하기는 힘들기 때문에 특히 도입부와 결론을 명확히 얘기하는 것이 중요하다.

예컨대, "저는 저출산 대책에 대한 발표를 하겠습니다. 먼저 저출산의 실태 그리고 저출산의 원인과 배경, 마지막으로 저출산의 대책을 말씀드리겠습니다. (중략) 저출산은 가장 중요한 사교육비의 절감 부분과 사회 안전망의 형성이 되지 않는 한 해결될 수 없습니다. 특히 최근 몇 년간의 사태에서 부모들이 느끼는 아이들의 안전에 대한 공포는 너무나 심각합니다. 그렇기 때문에 안전에 대한 제도적 장치를 반드시 구축해야 합니다."라는 식으로 논리적인 전개를 하는 것이 좋다.

'모든 면접에서 가장 중요한 것이 무엇이냐?'라고 묻는다면 단언컨대 '핵심키워드'라고 말할 수 있다.

면접을 비롯해서 모든 스피치에서 가장 근간을 이루는 것은 바로 핵심키워드이다.

면접을 하다보면 '내가 지금 무슨 얘기를 하고 있지?' 또는 '어디까지 얘기했더라?'라는 생각을 부지불식간에 하게 된다.

핵심키워드가 분명하면 이러한 혼란을 줄일 수가 있다.

가령, 실무면접에서 면접관이 "우리 광고회사의 디자인을 향상시킬 만한 자신만의 전략은 어떤 거예요?"라고 물었다고 가정해보자.

여기서 핵심키워드는 무엇인가? '디자인 향상에 대한 자신만의 전략'이다. 이것이 가장 중요한 질문의 요지이다.

따라서 답변을 할 때도 질문의 핵심을 놓치면 안 되는 것이다.

두 가지 답변의 예를 들어보겠다.

첫 번째는 "네, 제 생각엔 현재 광고의 마케팅의 미흡한 요소라고 생각합니다. 현대에서는 마케팅이 너무나 중요하기 때문에 디자인에 대한 마케팅 특히 온라인 쪽을 공략해서 파워블로그와 SNS 특히 카카오스토리를 공략해야 한다고 생각합니다."

두 번째는 “네, 지금 A 회사의 디자인은 미국의 B사 디자인을 모태로 하고 있습니다. 하지만 그럴 경우 20, 30대의 수요에서 멀어질 수 있다고 생각합니다. 현재의 자동차 디자인은 곡선형 또는 여성스러운 디자인과 더불어 심플한 느낌을 선호합니다. 따라서 미국 B사보다는 독일의 C사의 디자인을 벤치마킹하는 것이 좋은 전략이라고 생각합니다.”

이 두 가지 답변에서의 차이점을 분명히 찾았다면 당신은 핵심키워드를 놓치지 않았다고 생각한다.

첫 번째는 ‘디자인에 대한 전략’이 아니라 ‘마케팅에 대한 전략’으로 답변을 했다. 그리고 두 번째는 ‘디자인의 전략에 대한 자신만의 해결책’을 내세웠다.

따라서 면접관은 두 번째의 답변을 듣고 신뢰를 느낄 수 있을 것이다.

PT 면접에서도 마찬가지이다.

가령, ‘대기업의 횡포’에 대한 PT 면접을 하는데, A는 “저는 대기업의 횡포의 현황과 자영업자의 실태 그리고 마지막으로 자본주의의 문제점을 말씀드리겠습니다.”라고 말을 했고,

B는 “저는 대기업의 횡포의 현황, 그리고 문제점 마지막으로 해결책에 대해 말씀드리겠습니다.”라고 말을 했을 때 면접관은 누구의 말에 귀를 기울이겠는가? 그리고 그 이유는 무엇인가?

A는 '대기업의 횡포'에 대한 핵심키워드를 도입부까진 지켰지만, 본론과 결론에서 자영업자의 실태와 자본주의 문제점으로 범위를 너무 넓혀놓아서 무엇을 얘기하는 지가 모호해졌다.

반면 B는 대기업의 횡포와 문제점 그리고 해결책을 일목요연하게 논리적으로 정렬했다.

이처럼 핵심키워드는 말을 할 때의 뿌리와 근간이 된다. 그리고 그 핵심을 바탕으로 스토리텔링 즉, 이야기구성을 하면 누구나 면접에서 좋은 점수를 받을 수박에 없다.

면접은 종류별로 공무원 면접, 일반 기업면접, 학교면접 등 정말 다양한 면접이 있다.

'지피지기면 백전백승'이라는 말처럼 기업의 종류에 따라 기업의 '인재상', '경영철학', '시사'를 정확히 간파하고 면접을 봐야 한다.

먼저 공무원 면접은 신뢰를 기반으로 얼마나 진실하게 공무원업무를 수행할 수 있는지 '정직'과 '신뢰'를 높이 본다.

일반 기업면접도 보수적인 기업이냐 창의적인 기업이냐에 따라 복장 및 태도를 달리해야 한다.

벤처기업과 같은 곳에서는 보수적인 느낌의 정장보다는 세미 정장이나 캐주얼 정장이 더 어울릴 수 있다.

답변도 진부한 답변보다는 그 사람의 '개성'과 '창의성'이 빛을 발할 수 있도록 자신만의 창의적인 생각과 진취적인 생각을 말하는 것이 중요하다.

반면 보수적인 느낌의 회사에서는 '창의성'보다는 '성실함'과 '신뢰'를 기반으로 답변하는 것이 아무래도 점수를 후하게 받을 수 있다.

면접은 때와 장소와 환경에 따라 다르게 해야 한다.

하지만 **기본은 '진실함'이다. 어떤 면접이든 '가식'보다는 '진실'이 통하기 때문이다.**

'진실함'을 바탕으로 상황과 장소에 맞게 유연하게 말을 하는 것이 중요하다.

'진정성'과 더불어 면접을 할 때 중요한 부분은 '좋은 인상을 심어주는 일'이다.

예컨대 "왜 이곳에 입사지원을 하게 되었습니까?" 라는 질문을 받았을 때, "이곳이 저의 역량을 가장 잘 발휘할 곳이기 때문입니다." 또는 "여러 곳을 생각해 보았지만, 이곳이 가장 끌려서입니다."라는 말보다는 "여기 ○○기업이 광고나 홍보보다 내실을 위한 경영으로 연 매출 1조를 달성한 것처럼 제가 대학 시절에 200만 원의 자본금으로 쇼핑몰을 시작해서 월 매출 2,000만 원의 실적을 올린 경험으로 지금의 극심한 경쟁구도에서 살아남을 수 있는 창의적인 아이템을 개발하는 데 최선을 다하겠습니다." 등의 인상적인 말이 면접관의 뇌리에 각인될 수 있다.

인상적으로 말을 하려면 진부한 내용이나 표현보다는 그 사람만의 개성과 상황을 살리는 참신함이 중요하다.

즉, 같은 표현이라도 어디서 많이 듣고 본 내용이 아니라, 신선하면서도 생생한 표현을 하는 것이 인상적으로 각인될 수 있는 길이다.

그러려면 평소에 자신만의 표현과 어휘력을 가지고 있어야 한다. 역시 그 표현과 어휘력은 독서와 같은 배경지식을 통해 얻을 수 있다.

면접에 있어 '유연성' 또한 당락을 좌우할 수 있는 중요한 키워드다.

'유연성'은 말 그대로 어떤 상황과 말에도 유연하게 대처할 수 있는 능력을 얘기한다.

특히 면접 자리에서는 다양한 질문과 돌발적인 상황이 나올 수 있기 때문에 적재적소의 유연한 대처는 특히나 면접에서 빛을 발휘할 수 있다.

가령 면접관이 "자기개발을 위해 어떤 것을 하고 있나요?" 라고 물을 때, "저는 매일 아침 영어를 외국인에게 직접 배우고 저녁에는 자격증을 위해 준비하고 있습니다."라고 구체적으로 답변하는 것도 좋지만, "저는 자기개발을 위해 밥을 꼬박꼬박 먹고 있습니다. 체력은 국력이라고 했습니다. 삼시세끼를 잘 챙겨먹으면 건강이 좋아지고 또한 무엇이든지 배울 수 있는 힘을 비축할 수 있습니다."라고 대답한다면 조금 더 유연한 대답이 될 수도 있다.

이처럼 면접에서는 진정성을 바탕으로 인상적인 그리고 때로는 유연한 답변이 빛을 발휘할 수 있다.

# 6
# 강의 스피치

강의는 여러 분야에 그리고 다양한 형식으로 이뤄질 수 있다.

학교에서의 강의, 연단, 학원, 심포지엄 등 다양한 곳에서 다양한 방법으로 진행된다. 또한, 전달 방식에 따라 감화를 주는 강의, 실천을 위한 강의, 실용적인 강의로 나눌 수 있다.

그렇다면 강의를 잘한다는 것은 무엇일까?

예컨대, 우리가 영화를 보고 "영화 참 재밌다." 또는 "영화 정말 괜찮았다."라고 얘기할 때는 영화가 재밌으면서 감동적일 때이다.

강의도 마찬가지다.

지루한 연사의 강의를 듣는 것만큼 고역도 없다.

Tip

1. 핵심을 분명하게 전달(행복, 리더십)
2. 감동을 줄 수 있는 말과 표현(어휘력, 에피소드)
3. 청중을 설득하는 비언어(감정, 화법, 제스처)
4. **때로는 이성적, 때로는 감성적으로 침투**

**강의에 있어서 중요한 부분은 '인상적인 주제', '감동적인 내용', '재미있는 진행'이다.**

주제는 말 그대로 참신하고 인상적이며 청중의 이목을 끌 수 있는 내용이어야 한다.

가령 '부정부패'라는 주제를 갖고 강의를 한다면, 이미 자칫하면 진부할 수 있는 소재일 수 있기 때문에, '팔은 안으로 굽어야 하는가?', '관피아, 해피아, 마피아' 등 청중의 이목을 끌 수 있는 인상적인 주제와 소재가 좋다.

그리고 강의의 구성을 어떻게 이끌지 '스토리텔링'을 구성해야 한다.

강의의 뼈대가 튼튼하지 않으면 청중을 산만하게 만들 수밖에 없다. 그렇기 때문에 강사는 어떠한 주제를 정한다면, 그 주제에 맞게 에피소드 식으로 이야기를 구성할지, 아니면 논리적으로 얘기를 풀어갈지, 또는 사실적 근거로서 얘기를 이어나갈지를 치밀하게 계산하고 고민해야 한다.

또한, 구성은 강의의 주제와 청중에 따라서 달라져야 한다. 좋은 지휘자는 오케스트라를 지휘하듯 음악에 따라 자유자재로 지휘해야 하듯이 좋은 강사 역시 주제와 청중에 따라 자유자재의 강연을 해야 한다.

가령, '학교폭력'을 주제로 삼을 때는 재미보다는 사실적 근거로서 얘기를 풀어가는 것이 좋을 것이고, '유머의 중요성'을 주제로 얘기할 때는 에피소드나 재미 위주의 강연을 하는 것이 더 어울린다.

감동은 '어휘력'과 연관되어 있다.

어떤 내용을 어떠한 어휘와 표현으로 전달하는가에 따라서 억지감동이 될 수도 있고 잔잔한 감동을 선사할 수도 있다.

**'현인처럼 생각하고 범인처럼 말하라'라는 말이 있다.**

좋은 강사는 절대 말을 어렵게 하지 않는다. '왜 사느냐 건 웃지요'라는 시의 명 구절이 있다. 저 구절 하나에 인생의 시점과 의미가 담겨 있다. 좋은 시가 누구나 공감할 수 있는 경험과 지혜에서 비롯되듯이 강의의 어휘 역시 그래야 한다. 그리고 그 사이사이에 촌철살인과 같이 청중의 맘을 후벼 팔 수 있는 내용이 은연중에 들어가는 것이 좋다.

"여러분은 언제 가장 행복감을 느끼세요? 저는 바로 '지금'입니다. 왜냐하면, 이 순간은 절대 제 인생에서 두 번 다시 겪을 수 없는 순간이기 때문이죠. 여러분 고단하시죠? 사는 게 힘들죠? 그런데요. 사는 것이 힘들기 때문에 그래서 인생은 재미있는 거예요. 왜냐하면, 꿈이 이뤄진 것이 아니라 이룰 수 있기에, 지금보다 내일은 나아질 것이라는 희망이 있기에 오늘 하루를 견딜 수가 있는 거잖아요."라는 자연스러운 말로 공감대를 형성하는 것이 중요하다.

이것을 "여러분 지금 노심초사 하시죠? 전전긍긍하시고 계시죠? 쥐구멍에도 볕 들 날 있고, 하늘이 무너져도 솟아 날 구멍은 있습니다."라는 성어와 속담으로 내용을 얼룩지게 한다면 오히려 부담스러운 억지감동을 짜낼 수도 있다.

또한 감동적이고 재미있는 강의를 위해서는 자신만의 에피소드를 계발해야 한다.

**1. 나만의 에피소드**
**2. 다른 사람의 에피소드**
**3. 책이나 인용에서 얻은 에피소드**
**4. 적재적소의 에피소드 활용**

그것이 나만의 것이든 다른 사람의 것이나 책에서 얻은 것이든 간에 공감이 가는 에피소드여야 한다. 강의를 잘한다는 것은 청중이 원하는 가려운 부분을 정확히 긁어주는 것이다. 그런 의미에서 청중과 대상에 따라 적재적소의 공감이 가는 에피소드를 가지고 얘기하는 것이 얼마나 중요한지는 아무리 강조해도 지나치지가 않다.

예전에, 공무원들을 대상으로 강의를 한 적이 있는데, 일반적인 직장에서의 호칭은 필자도 직장생활을 해봤기 때문에 별다른 어려움이 없었지만, 공무원 사회는 필자 역시 생소했기 때문에 그들 문화를 백 프로 이해하지 못해 에피소드를 얘기하는 데 애를 먹었던 적이 있었다.

청중을 제대로 이해하지 못한 강의, 청중의 공감을 얻지 못하는 강의는 실패한 강의라고 말할 수 있다. 그런 면에서 공감을 얻을 수 있는 에피소드는 수많은 시행착오와 경험을 통해서만 가질 수 있는 것이다.

그렇다면 참신하고 재미있는 강의방법은 어떤 것일까?

**청중들이 지루하지 않고 강사에게 집중하게 할 수 있는 비밀은 바로 '리듬과 템포'이다.**

이 '리듬과 템포'라는 것은 포괄적인 의미이긴 하지만, 말의 억양, 높낮이, 침묵, 빠름과 느림 등을 총체적으로 지칭하는 것이다.

이것은 타고난 것도 있지만 연습을 통해서 체득될 수 있다.

흔히 교장 선생님의 말씀이 지루하다고 느끼는 것은 바로 이 '리듬과 템포'가 빠져 있기 때문이다.

예컨대, "우리는 반드시 할 수 있습니다. 할 수 없다는 생각 때문에 못 이루는 것뿐이죠."라는 말을 할 때, 이것을 절대 일률적으로 얘기하면 안 되는 것이다.

강의는 음악과 같아야 한다. 가령, '사계'의 음악을 예로 들면, 봄, 여름, 가을, 겨울의 총 4악장으로 이뤄져 있는데, 각 악장마다 음계와 템포가 모두 다르다.

그 다름은 이 4계절의 특징과 묘미를 잘 표현할 수 있는 원동력이다.

말도 마찬가지다. '높낮이'와 '빠름과 느림의 미학'을 살린다면 충분히 인상적인 강의를 할 수 있다.

또 다른 예로 영화 '건축학 개론'을 들 수 있다. 그 영화에 배우 조정석이 맡은 '납득이'라는 캐릭터가 나오는데, 바로 '리듬과 템포'의 미학을 너무나도 잘 살린 캐릭터라고 볼 수 있다.

거기에 나오는 대사 중에, "다가가 다가가서 말을 걸다가 갑자기 멈춰, 딱 멈춰서 그대로 돌아가, 이게 컨셉" 이런 내용이 있다. 여기서 '컨셉'이라는 부분에서 포즈를 사용한다.

그리고 앞부분에서는 말을 천천히 하다가 갑자기 빨리 말을 한다. 그러다가 갑자기 말을 멈춰서 집중을 받은 다음 '컨셉'을 끊어서 얘기한다.

바로 이 부분이 '리듬과 템포'의 미학을 가장 제대로 살린 부분이다.

관객들은 한참 웃죠. 말이 웃겨서가 아니라, 그 말의 리듬과 템포가 재미를 주기 때문이다.

강의도 마찬가지다.

아무리 내용이 좋더라도 그 방법이 지루하거나 재미가 없으면, 보는 사람들은 어떤 내용을 얘기해도 집중을 하지 않는다. 말을 빨리했다가 천천히 그리고 멈추기도 하고 억양을 실어 올리기도 했다가 내리기도 하고, 마치 음악처럼 연습을 하다보면, 자신이 하고 싶은 대로 청중을 끌고 가는 강의를 할 수 있게 된다.

좋은 강사가 되려면 강의주제의 선정과 에피소드 그리고 강의진행 방법 등 모든 부분에 있어서 치열한 연습을 해야 한다.

훌륭한 상담원처럼 청중의 마음을 얻을 수 있고 오케스트라의 지휘자처럼 청중을 쥐락펴락할 수 있는 강의를 하는 사람이 바로 좋은 강사이다.

# 7
# 사회진행

Tip

1. 청중을 휘어잡는 진행(강약 조절)
2. 때로는 객관적으로 때로는 재미있게
   (재밌는 진행 – 쇼호스트, 레크레이션 객관적 진행 – 토론, 회의)
3. **유연한 진행능력과 애드리브**

토의진행, 토론, 회의, MC, 레크리에이션 등 다양한 모임에서 진행을 하는 것을 바로 '사회'라고 한다.

토론이나 토의 등의 결론을 도출해야 하거나 이성적인 생각을 하는 자리에서는 사회자가 중심을 잡아주고 객관적인 진행을 하는 것이 중요하고, 레크리에이션이나 야유회 등의 스트레스를 해소하기 위해 모이는 자리에서는 재미있는 진행이 더 요구된다.

사회를 진행하는 것은 생각보다 힘든 점이 많이 있다.

첫 번째로는 청중들의 반응이 냉랭하다는 점이다.

사람들은 누군가 앞에 나와서 무엇을 하는 것에 대해 호의적인 감정보다는 "당신이 어떤 말을 하나보자?"라든가 "무엇을 하려하지?" 등의 경계심을 갖기 마련이다.

그렇기 때문에 그러한 냉랭하고 무뚝뚝한 분위기를 휘어잡아 청중들을 자기편으로 만드는 것은 고도의 전략과 집중이 필요하다.

사회를 잘 보려면, 일단 청중들의 연령, 취향 등을 고려해야 한다.

가령, 결혼식 사회를 보는데, 너무 유머를 남발하거나, 야유회 사회를 보는데, 딱딱한 진행을 한다면 청중들의 성향과 분위기를 잘 못 파악하는 것이다.

가장 중요한 것은 청중들을 위한 사회이다. 그러려면 처음이 중요하다. 너무 잘하려고 하는 것보다는 청중들의 마음을 서서히 열려고 한다는 자세로 임하는 것이 우선이다.

너무 웃기려고 하지 말고, 그것보단 어떻게 하면 청중들을 편안히 만들까를 고민하는 것이 매력적인 사회의 시작이다. 사회를 진행하는데 중요한 부분 중 하나는 도입부를 어떻게 전개하느냐 하는 것이다.

전에도 말씀드렸다시피, 청중들의 주의를 끄는 방법은 여러 가지가 있다.

첫 번째는 공통의 관심사를 얘기하는 것이다.

날씨, 여행, 취미, 요새의 이슈 등이 공통관심사가 된다.

가령, "날씨가 많이 덥죠?"라는 말은 듣는 사람들에게 매우 친근하게 다가갈 수 있다.

근데 이 멘트도 클래식한 자리, 자유분방한 환경에 따라 다르게 적용할 수가 있다.

예컨대, "날씨가 푹푹 찌죠?"와 "날씨가 제가 사귀던 여자 친구처럼 변덕이 심하네요?"라는 두 가지 멘트는 상황에 따라 사용해야 한다.

또한 연령 등을 고려해 다르게 구사해야 하는 것이 중요하다.

대상이 어린이냐 아님 나이가 드신 분들이냐에 따라 관심사와 화제를 맞추는 것이 중요하다.

또한 사회를 진행하다 보면 겪을 수 있는 돌발 상황 및 다양한 상황에 직면하게 된다.

이때 그런 **돌발 상황에 얼마나 잘 대처하는가가 그 모임의 분위기를 바꿔 놓을 수 있는 중요한 변수가 된다.**

사회라는 것이 화자 1인의 일방적인 스피치가 절대 아니다.

중요한 것은 청중과 교감하는 것인데, 이 교감이 이루어지려면 청중의 반응에 유연하게 대처해야 하는 것이 중요하다.

예컨대, 야유회 사회를 보는데, 어떤 직원이 "에이 재미없다"라고 외친다면, 과연 여러분은 어떻게 할까?

이때 주눅이 들면 안 된다. 주눅이 들거나 긴장한 표정이 역력하면 청중들은 오히려 더 만만하게 볼 수 있다.

그럴 때는 "이제부터는 정말 재밌습니다. 놓치면 후회하실 겁니다." 또는 "자 나오세요. 여기 여러분들을 위해 노래 한 곡 부탁드리겠습니다."라고 애드리브를 하는 것이 포인트다.

그렇게 되면, 그동안 지루했던 분위기가 한 순간에 반전이 될 수 있다.

그러한 것이 바로 사회자의 능력이다.

**사회를 볼 때 '애드리브'는 매우 중요한 반전의 역할을 한다.**

그렇기 때문에, 사회자는 늘 청중의 분위기와 청중의 소리에 귀를 기울여 그 상황에 맞게 대처하는 능력을 기르는 것이 반드시 필요하다.

예전에 어떤 사회자가 미팅 모임에서 진행을 보는데, 분위기가 너무 가라앉으니 직접 솔선수범해서 모창과 성대모사를 한 적이 있는데 그 전의 지루했던 분위기가 한 순간에 반전이 되었다. 또 한 번은 뒤풀이를 한 적이 있는데, 역시 분위기가 가라앉아 즉석에서 '진실게임'을 벌여 분위기가 뒤집혔던 적도 있었다.

이처럼 돌발 상황에 대처하는 능력에 따라 사회의 질이 달라질 수 있음을 꼭 기억하라.

# 8 레크리에이션

레크리에이션의 사전적 의미는 지친 심신을 회복하기 위하여 자유시간을 활용한 여러 가지 활동을 얘기한다.

일단 레크리에이션에서 중요한 점은 청중의 흥미와 재미다. 그러기 위해선 진행자의 위트와 그리고 진행의 짜임새가 더할 나위 없이 중요하다.

먼저 레크리에이션에는 OX, 369, 눈치게임, 007, 베스킨라빈스31, 손병호 게임, 가족오락관, 난센스 퀴즈, 스피드 퀴즈, 사과게임, 자유게임, 런닝맨, 얼음땡, 이미지게임, 진실게임, 공지게임, 이불 덮고 찾아다니기, 오징어 땅콩, 술래잡기, 수건돌리기, 신발 묶어 달리기, 숨바꼭질, 풍선 터뜨리기, 이어달리기, 무궁화 꽃이 피었습니다. 등 다양한 게임이 있다.

일단 장소, 나이, 인원수에 따라 레크리에이션의 종류도 달라야 한다. 가령 실내의 경우 런닝맨이나 신발 묶어 달리기의 경우 어려울 수 있다.

먼저 실내에서 할 수 있는 레크리에이션이다.

(OX, 369, 벤스킨라빈스 31, 자기소개, 가위바위보, 손병호 게임, 도전 골든 벨, 눈치게임, 넌 센스 퀴즈, 3행시 빼빼로 게임, 스피드, 사과게임, 눈 가리고 찾기, 이구동성게임, 이미지 게임, 진실게임, 침묵의 007빵, 외래어 금지, 입 모양 게임, 여장남자 게임, 스킨십 게임, 묻지마 스피드 게임, 목소리를 높여라 등)

그 외에 눈치게임, 369, 007, 배스킨라빈스 31, 스피드 퀴즈 등 장소에 구애받지 않는 게임을 할 수 있다.

실외에서는 보다 활동적인 게임으로 신발 묶어 달리기, 술래잡기, 얼음 땡, OX, 이어달리기, 런닝맨 등 공간을 충분히 활용할 수 있는 게임이 가능하다.

실외에서 할 수 있는 레크리에이션은 다음과 같다.

또한 청소년이나 대학생 등은 런닝맨이나 공지게임, 진실게임

등 보다 센스를 발휘하는 게임이 적당하지만 연령대가 높을 때는 OX나 난센스 퀴즈 등이 호응이 좋다.

이때 중요한 것은 게임을 정석대로 하는 것이 아니라, 사회자의 재량에 따라 청중에 따라 응용을 하는 것이 중요하다.

**(수건돌리기, 술래잡기, 닭싸움, 코끼리 코, 얼음 땡 오징어땅콩, 풍선 터뜨리기, 몸으로 말하기, 런닝맨, 무궁화 꽃이 피었습니다. 이어달리기, 입으로 물건 옮기기, 끈 묶고 커플로 달리기, 청기 백기, 훌라후프, 과자 매달기, 말뚝 박기, 림보 게임, 커플 매달리기, 풍선날리기 게임, 보물찾기, 피구, 발야구, 장기자랑)**

가령 '풍선 터뜨리기' 게임을 예로 들자면, 처음에는 풍선을 많이 터뜨리는 게임을 하다가 흥이 나거나 지루하다 싶으면, 남녀가 서로 볼을 맞대고 풍선을 터뜨리거나, 아님 엉덩이를 맞대고 터뜨리는 응용을 하는 것이다.

또는 '커플 매달리기' 게임에서도 처음에는 커플을 업고 제한된 시간을 견디다가, 커플을 안거나 커플을 업고 앉았다 일어나기를 하는 등 다양한 응용이 있을 수 있다.

레크리에이션은 게임도 중요하지만 무엇보다 사회자의 역량이 우선시 된다.

**사회자가 갖춰야 할 부분은 바로 유쾌한 표정과 위트 있는 멘트이다.** 아무리 재미가 있어도 표정이 딱딱하거나 경직되어 있으면 청중들이 호응이나 반응을 하기가 어렵다.

또한 사회진행과 마찬가지로 청중들이 재미가 없어도 또는 반응이 없어도 그것을 재치 있게 받아넘기는 유연한 진행능력이 중요하다.

가령 청중들이 "아 재미없어요!" 그렇게 말하면 "뭐라고요?", "죄송해요"라고 경직된 말을 해 버리면 시베리아처럼 냉랭해진다. 그런 분위기를 역전시킬 수 있게 가령, "이제부터는 재미있을 겁니다."라던가 "저 그러면 울 거예요"라는 위트 있는 말로 상황을 모면하는 것이 중요하다.

또한 청중의 반응에 센스 있게 대처하는 것이 중요하다. 레크리에이션을 하다가 반응이 없으면 다음으로 넘어가든가 아니면 조금 더 재미를 줄 만한 요소를 가미할 수가 있어야 하고, 어디쯤에서 레크리에이션을 마치고 다음으로 넘어가야 하는 지를 잘 파악해야 한다.

**즉 흐름을 잘 타야 한다는 것이다.** 청중은 재미없는데 그것을 계속 고수하거나 청중이 재미를 느낄만한데 무 자르듯이 끊어 버리는 진행은 어설프고 지루할 수밖에 없다.

가령, 369게임을 하는데 청중들의 반응이 시원치 않으면 바로 배스킨라빈스 31 게임으로 넘어가든가 아님 이미지게임이나 진실게임 등으로 분야가 다른 게임으로 전환해야 한다.

또한, 0070 게임을 하는데 그것을 응용해서 침묵의 0070이라든가 그 안에서 영어쓰기 금지와 어떤 옵션을 추가해서 진행하면 마치 찌개에 양념을 추가하듯이 감칠맛이 날 수가 있다.

이처럼 레크리에이션에서는 다양한 게임과 청중을 파악하는 능력 그리고 유연한 대처능력이 잘 어우러져야 한다. 그러면 말 그대로 심신을 누그러뜨리고 충전할 수 있는 시간이 될 수가 있다.

## 9
# 선거연설

학교 또는 어떤 모임에서 당선되기 위한 선거연설문을 작성할 때 가장 유의해야 할 점은 대상, 취지, 방법을 전략적으로 생각해서 해야 한다는 점이다.

물론 많은 동급생들의 리더가 되기 위해 출마하는 본인이야 또래 중에서 우수한 편에 속할 테니, 현란한 단어나 미사여구를 사용하고 싶겠지만, 자칫 친구들이 보았을 때는 이해하기도 어렵고 흥미도 떨어진다는 점을 유념해야 한다.

선거마다 차이는 있지만, 선거 연설문을 쓰는 방식에는 재미, 논리, 정직, 리더십을 고려하며 써야 한다.

그중에 구성원들이 어떠한 부분을 선호하는지, 그리고 내가 잘할 수 있는 부분이 어떤 것인지를 충분히 생각하고 어떠한 방법으로 전략을 세울지를 고려해서 표현하는 것이 중요하다.

선거는 다양한 방식이 있는데 그중 **구성원들이 선호하는 방식 중 하나가 재미있는 회장선거 방식이다.**

사람들은 보통 지루하고 따분한 선거를 싫어하기 때문에, 재미있고 유머 있는 선거를 하게 되면 인기도가 많아질 수 있다.

재미있게 선거를 하려면, 일단 평소에 개그 프로그램이라든지 유행어를 눈여겨봐야 한다.

그리고 연기적인 부분도 필요하기 때문에 그러한 부분도 연습을 할 필요가 있다.

먼저 어떠한 주제가 정해졌으면 거기에 맞춰 어떻게 그 내용을 재밌게 표현할지를 고민해 봐야 한다.

재밌게 말을 하는 방법은 몸으로 표현하는 방법과 말로 표현하는 방법이 있다.

먼저 몸으로 하는 표현은 가령, "안녕하세요. 저는 이번 회장선거에 출마한 기호 1번 김철수라고 합니다. 나는 나는 저팔계! 왜 나를 싫어하나? 나는 나는 저팔계! 도대체 모르겠네." 등의 연기적인 표현과 노래를 곁들여 표현하는 방식이다.

말로 하는 방법은 "그래요. 전 키가 작습니다. 그래도 들을 건 다 듣습니다. 전 키가 작기 때문에 여러분들을 우러러볼 수 있습니다. 자연스럽게 존경의 눈높이로 다가갈 수 있습니다. 물론 때론 키

차이 때문에 안 들릴 수도 있다." 등의 개그 프로그램에서 유행어를 갖고 표현하는 방법도 있다.

이때 주의할 점은 유머나 개그가 주된 내용이 되면 안 된다는 점이다.

어떤 친구들은 선거를 할 때 웃겨야 한다는 일념으로 무리수를 던지는 경우도 많다.

가령, 이상한 농담을 한다거나, 거북한 표정을 짓는 그런 표현은 오히려 호감보다는 반감을 살 수 있다.

그렇기 때문에, 주제를 어떻게 효율적으로 표현할 지를 잘 고민하고 거기에 맞게 재밌게 표현하는 것이 중요한 포인트이다.

유머는 지나치면 독이 될 수 있기 때문에, 반드시 주제를 살릴 수 있는 효과적인 유머를 사용해야 반장선거에서 인기를 얻을 수 있다.

**선거의 또 다른 유형으로 인상적인 선거를 들 수 있다.**

인상적인 방식은 어떠한 주제를 갖고 구성원들의 이목을 집중시킬 수 있는 비유와 표현을 하는 것이다.

가령 "제가 이번 회장선거에서 내세울 수 있는 거창한 공약은 없습니다. 왜냐하면 실천할 수 없는 말은 안하는 것이 좋다고 생각합니다. 전 단지 제가 할 수 있는 부분을 잘하겠습니다."라고 강조를 하는 방법이 있다.

또한, "촛불은 자신의 몸을 태워서 앞을 밝힙니다. 저도 이 촛불처럼 제 욕심을 채우는 것 보다는 이 한 몸을 헌신해서 학우들의 소리에 귀를 기울이고 최선을 다해 실천하겠습니다."라고 촛불로써 회장의 역할을 비유하는 방법도 있다.

인상적인 선거방법은 말 그대로 구성원들에게 각인될 수 있는 표현방법을 내세우는 것이다.

그러기 위해선 회장으로서의 나의 모습과 어떤 사물과 동물 등의 연관성을 여러 가지 비유법을 통해 표현해야 한다.

이때 주의할 점은 인상적인 것만 내세워 오히려 딱딱해질 수 있는 부분을 어떻게 부드럽고 재미있게 표현해 내느냐 하는 것이다.

즉, 인상적인 부분만 강조하다보면 자칫 딱딱해 지기 쉽기 때문에 그 안에서도 재미를 곁들이면 더욱 인상적인 선거가 될 수 있다.

**선거의 또 다른 유형으로 구체적인 공약을 내거는 방법을 얘기할 수 있다.**

구체적인 공약이란 선거에서 내가 당선이 된다면 어떤 것을 실행하고 실천할 수 있는 지에 대한 구체적인 방법을 내세우는 것이다.

예를 들어, "제가 회장이 된다면, 지금 현재 에어컨이 작동되지 않는 강의실이 몇 군데 있는데 확실히 여름에 더위에 고생하지 않도록 반드시 에어컨을 설치하거나 보수하겠습니다. 그리고 쓰레기장에 냄새가 많이 나는데, 제가 회장이 되면 반드시 그러한 냄새나는 환경에서 공부를 하지 않도록 꼭 개선하겠습니다." 등의 구체적인 공약을 말하는 것이다.

이때 주의할 점은 확실히 개선할 수 있는 부분을 아주 구체적인 방법으로 얘기를 해야 한다.

허황되거나 실천 불가능한 것은 학우들의 호감도를 떨어뜨릴 수 있기 때문에 누가 봐도 '저러한 부분은 개선될 수 있구나' 하는 것을 얘기해야 친구들의 표를 얻을 수 있다.

무리수는 정치인들의 경우에서도 볼 수 있듯이 이제는 통하지 않는다.

보다 실천 가능하고 구체적인 공약으로 진실하게 접근한다면 충분히 회장선거에서 좋은 결과가 있을 것이다.

# 10
# 앉아서 말하기

앉아서 말하기는 의자에 앉아서 얘기하는 스피치의 모든 것이다.

주로 실생활에서의 테이블이나 의자에 앉아 얘기하는 것, 회의, 토의 등을 얘기하는 것을 말한다.

테이블 스피치를 할 때 중요한 점은 맘을 편하게 갖고 테이블 주변에 앉아 있는 사람과 눈 맞춤을 하면서 자연스럽게 호응하고 자기의 얘기를 하는 것이다.

너무 느긋하게 의자에 기대어 앉는다거나, 다리를 떠는 습관은 상대방에게 불편함을 줄 수 있기 때문에 자제해야 한다.

상대방의 이야기를 들을 때는 그냥 소극적으로 듣는 것이 아니라, 마음속 깊이 그 사람의 이야기에 동조를 해야 한다.

예를 들어, 어떤 사람이 "저의 관심사는 운동입니다."라고 말을 했는데 "아 그렇군요."라든가 "네" 등의 소극적인 호응보다는 "맞아요. 운동이 확실히 몸에 좋더라고요." 등의 적극적인 호응이 중요하다.

또한 "제가 요새 몸이 안 좋아요. 아마도 규칙적인 식사를 하지 않아서 그런 것 같아요."라고 얘기를 했는데, "오늘 날씨는 어때요? 비 오면 안 되는데." 등의 자기 위주의 말이나 상대방의 말에 동문서답 하는 태도는 인간관계를 소원하게 하는 지름길이다.

경청과 적극적인 반응이야말로 테이블 스피치의 시금석이라고 할 수 있다.

아무리 말을 잘하더라도 일방적으로 자기 말만 하거나 자기 위주의 생각으로 대화를 진행한다면 처음에는 호감으로 그 사람을 대하더라도 점차로 그 사람의 얘기에 집중을 하지 않을뿐더러 그 사람 자체를 기피하게 된다.

예전에 어떤 분이 파티에서 너무나 말을 잘해서 거기에 있는 모든 분들이 호감을 갖고 얘기를 들은 적이 있었다.

그런데 처음의 그 호감은 얘기가 길어질수록 반감으로 바뀌고 사람들은 그 분의 얘기에 지쳐갔다. 그럼에도 불구하고 그분은 다른 사람의 이야기를 끊어 더욱 눈총을 산 경우가 있었고, 파티에서 그의 모습을 더는 볼 수 없었다.

그렇기 때문에 **말을 잘하려면 자신의 얘기를 많이 하려고 노력하는 것보다는 상대방의 이야기를 들어줘야 한다.**

그리고 이야기를 할 때는 눈 맞춤을 충분히 하면서 적절하게 제스처를 취하면서 자신의 이야기를 이끌어 나가야 한다.

또한 다양한 상황에 맞추어 다양한 주제로 대화를 이끄는 것도 아주 중요한 부분이다.

그러려면 평소에 상식을 많이 알고 있어야 다양한 분야에 맞추어 얘기를 할 수가 있다.

취미, 여행, 날씨, 정치 경제, 핫이슈, 영화, 책 등 다양한 분야에 상식을 많이 알고 있어야 그 분위기에서 다양한 소재를 꺼낼 수 있다.

가령, 어떤 모임에서 칸영화제 수상에 대해 얘기하고 있는데, "칸은 어느 나라냐, 사람이름이냐?" 등의 얘기를 건넨다면 무안을 받을 수가 있다.

**따라서 풍부한 상식과 독서야 말로 좋은 대화를 이끄는 초석이라고 할 수 있다.**

# 11
# 서서 말하기

말 그대로 강단이나 서서 말을 하는 것이다.

자기소개, 강의, 사회진행 등의 형태로 나눌 수 있다.

대부분의 경우 앉아서 얘기하는 것은 청산유수처럼 가능하지만, 서서 말할 경우 시선 처리나 손동작 등이 어색하기 마련이다.

아무리 말을 잘하는 달변가들도 서서 말하기는 부담을 느낄 수 밖에 없다.

왜냐하면, 서서 말하는 순간 대중들은 경계심을 갖기 마련이고, 앉아서 말하는 것에 비해 친근감이 현저히 떨어지기 마련이기 때문이다.

이것을 극복하는 방법은 누구나 서서 말하는 것에 대해 자연스럽지 못하다는 것을 인정하는 것이다.

그리고 청중에 대한 공포를 극복하려면 역시 청중을 적이라 생각하지 말고 자신의 지인인 양 최대한 편하게 마음을 먹고 대하는 것이다.

그렇게 되면 청중에 대한 공포가 서서히 해결이 될 수 있다.

이때 주의할 점은 표정이 경직되면 안 된다는 것이다.

**청중에게 기대하기보다는 스스로 먼저 다가가려는 노력해야 한다.**

웃으면서 청중들의 눈을 바라보며 대화하고 서로 교감하려 노력하는 것이 중요하다.

또한 청중의 이야기에 마음 깊숙이 귀를 기울여서 맞장구 쳐주고 호응을 해주는 것이 매우 중요하다.

그렇다면 공포가 해소되고 교감이 형성되고 매력적인 스피치가 시작이 된다.

무대에서의 공포가 해결이 되면, 그 다음 과제는 어떻게 청중들의 마음속으로 침투 하는가 이다. 마음속으로 침투를 하려면 화자는 너무 이성적인 스피치보다는 이성과 감성의 적절한 조화와 리듬과 템포의 화술과 제스처가 있어야 한다.

리듬과 템포는 앞에서 얘기했다시피 음의 고저, 장단, 강약으로 음악처럼 스피치에 재미를 주는 것을 말한다. 아무리 좋은 내용도 표현이 음악처럼 재미를 주지 않는다면 청중들은 화자의 얘기에 더는 귀를 기울이기 어렵다.

또한, 제스처 역시 서서 말하기의 중요한 요소지만, 과유불급이라고 너무 많은 제스처는 오히려 말의 핵심을 흐리는 부분이다.

가령, 제주도의 풍경을 얘기할 때 "제주도는 바다가 너무나 예쁜 섬으로써 해마다 많은 관광객이 그 절경을 보기 위해 찾아옵니다."라고 그냥 말로만 얘기하는 것보다 '많은 관광객'이나 '절경' 부분에서 손을 펴 보이면서 제스처를 한다면 훨씬 더 실감 나는 표현이 될 수 있다.

즉, 내용과 더불어 그 내용을 어떻게 표현하는가가 좋은 서서 말하기의 관건이라 할 수 있다.

# 12 회의진행

1. 핵심을 논리적으로 전달(회의목적, 토론방향)
2. 참가자의 얘기를 경청(진정성, 적극성)
3. 객관적인 진행(사안의 객관성)
4. 유연한 소통(대화와 타협, 커뮤니케이션)

회의를 주재하고 이끌어 간다는 것은 사실 쉬운 일은 아니다. 왜냐하면, 직원들이나 동료들의 의견을 듣고 거기에 부합하는 내용이나 상충하는 의견들을 어떻게 하면 잘 아우를 수 있는가가 관건이기 때문이다.

예전에는 힘 있는 리더, 카리스마 있는 리더가 성공을 이끌었지만,

시대의 흐름에 따라 지금은 더욱 융합할 수 있고, 오픈마인드를 가진 유연한 리더가 성공하는 확률이 많아졌다.

**회의에서 '소통'은 정말 큰 힘을 차지한다.**

회의 리더는 절대 자신의 일방적인 얘기를 지시하는 것이 참된 역할이 아니다. 어떻게 하면 직원들의 의견을 잘 들어주고, 반영하고 또한 거기에 자신의 의견을 유연하게 내세울 수 있는가가 무엇보다 중요하다. 여기서 간과하면 안 되는 부분이 무턱대고 직원들의 의견을 모두 수렴하거나, 일방적으로 지시하는 스피치를 하면 안 된다는 것이다.

회의에서 첫 번째 주체자의 역할은 '회의의 요점'을 분명히 전달하는 것이다. 참가자들이 일목요연하게 이해할 수 있게 요점을 정리해 주는 것이다. 또한, 참가자의 흥미를 끌 수 있는 안건이어야 한다. 가뜩이나 이른 아침부터 회의를 하는데 게다다, 흥미까지 없으면 회의를 하는 것 자체가 회의적이다.

가령, '자동차 A의 디자인'에 대한 회의인지, '맥주 B의 광고문구'에 대한 회의인지 미리 공지를 해 두는 것이 좋다. 물론 사안이 긴급한 경우에는 임시회의를 여는 경우도 있지만, 대게는 미리 공지를 해둬서 참가자들이 충분히 생각을 할 수 있게 시간을 주는 것이 좋다.

또한, 기획안의 경우 일주일전에 주는 것이 좋지만, 이때 주의할 점은 기획안이 '부담'이 되어서는 안 된다는 점이다. 물론 '회사생활에서 어떻게 기획안이 부담이 되지 않을 수가 있겠는가?' 그렇지만, 기획안이 기계적인 안건이 되었을 때는 회사의 실적이 향상보다는 정체가 될 수 있다. 그렇기 때문에, 아이디어에 대한 보상과 더불어 기획안은 참가자들의 참여를 유발할 수 있는 것이어야 한다.

### '소통'의 첫 번째 원칙은 '경청'이다.

어떤 리더들은 직원이나 동료의 의견을 무시한 채 자신만의 의견만이 옳다고 주장하는 경우가 있는데, 이것은 좋은 방법이 아니다.

일단 동료나 직원의 소리를 유심히 들어야 한다.

그들의 소리를 듣다보면 어떤 부분을 개선해야 할지, 그리고 어떻게 이끌어야 할지가 보이게 된다.

좋은 리더는 자신의 의견을 주장하는 것이 아니라, 직원의 능력을 잘 이끌어나가는 사람이다. 또한 서양속담에도 있듯이, 좋은 리더는 직원의 단점을 비판하는 것이 아니라, 그들의 장점을 극대화하는 것이다.

### 여기서 중요한 것은 '인정'과 '칭찬'이다.

가령 직원이 어떤 의견을 제시했을 때, "당신은 왜 그것밖에 못합니까?", "생각이 그것밖에 미치지 못합니까?"라고 얘기한다면, 다시는 창의적인 의견을 내세우지 못할 것이다.

그것보다는 "좋은 의견이에요. 적극 검토하도록 하겠습니다.", "상당히 창의적인 부분이네요. 어떻게 하면 시장화할지 고민해야겠네요."라는 적극적 경청이 중요하다는 얘기이다.

또한 좋은 기획안의 경우, 아이디어 좋았을 경우 거기에 대한 충분한 보상을 해야 한다. 그래야만 회의에 적극적으로 참여할 수 있다. 회의에 적극적으로 참여하게끔 만드는 것이 바로 회의주체자의 능력이다.

그러려면 회의를 하기에 앞서서, 어떤 주제로 회의를 할 것인지, 다음 주 기획안은 어떤 것으로 할 것인지, 이번에는 어떻게 회의를 진행할 것인지, 꼼꼼하게 준비를 하는 것이 그 무엇보다 중요한 회의 주체자의 필수조건이다.

# 13

# 3분 스피치

3분 안에 말을 논리적으로 그리고 매력적으로 말하는 것은 생각보다 어렵다.

| 도입부 | 내용 | 마무리 |
| --- | --- | --- |
| 여행을 하는 이유 | 남해안 여행의 기억 | 여행을 통해 느낀 점 |
| 여행의 계기 | (울산, 부산, 통영) | 여행 추천 |
| | 예시와 비유로 설명 | 마무리 |

그 시간 안에 서론, 본론, 결론의 스토리텔링을 잘 구성해야 하는데,

가장 중요한 부분이 바로 서론 부분이다.

**서론은 도입부이니만큼 청중들을 사로잡을 수 있는 인상적인 포인트가 필요하다.**

그러기 위해서는 인용이나, 에피소드, 또는 격언 등의 인용 등의 스토리텔링이 중요하다.

예컨대, "돈"에 대한 얘기를 하려고 한다.

여러 가지 도입이 있을 수 있지만, 여러분은 어떤 선택을 할 것인가?

몇 가지 예를 들어보자.

"개처럼 벌어 정승처럼 써라 라는 말이 있습니다."
"돈은 있다가도 없다가도 하는 것입니다."
"가장 중요한 재테크는 자기 계발입니다."
"저는 어려서 찢어지게 가난했습니다. 그래서 돈이 얼마나 무서운지도 알고요."

등의 다양한 도입이 있을 수 있다.

이때 중요한 점은 자연스러워야 한다는 점이다.

무리하게 도입을 이끌다 보면 인상적이기는 커녕, 부담스러울 수 있기 때문이다.

서론 부분이 청중을 자극할 수 있는 인상적인 도입이 필요하다면, 본론은 그 서론을 어떻게 매끄럽게 전개해 나가는 것이냐가 관건이다.

서론 도입부에서 언급했던 "돈"에 대한 얘기로 스토리텔링을 이끌어 가는 데 있어 본론을 다양한 예시로 말해보자.

"어렸을 때부터 저는 가난하게 자랐습니다. 그래서 저는 부자가 되기로 마음을 먹고 닥치는 대로 일을 했습니다." 등의 에피소드 형식이 있을 수가 있고, "돈은 인생과 같습니다. 인생에 저점과 고점이 있듯이, 돈도 적을 때가 있고, 많을 때가 있습니다." 등의 돈과 인생의 공통점과 차이점을 비유와 유추로 이끄는 방식이 있다.

본론은 서론을 이어갈 수 있는 중요한 내용이기 때문에, 내용을 알차고 매끄럽게 진행하는 것이 핵심이다.

결론은 서론에서 본론까지 이끌었던 내용을 재차 강조하거나, 인상적으로 주제를 마무리하는 것이 좋다.

이때 중요한 점은 갑자기 새로운 내용의 결론이나, 서론, 본론에서 이끌었던 내용에 어긋나는 내용을 전개하면 안 된다는 것이다.

그렇게 된다면, 청중들은 어떤 점이 주제인지, 어떤 점을 말하려고 하는지에 대해 혼란스러울 수 있다.

'돈'에 대한 결론의 예시를 몇 가지는 다음과 같다.

"그렇기 때문에 우리는 돈에 집착을 하면 안 됩니다."
"처음에 말씀드렸다시피, 돈은 우리 인생과 같이, 늘 우리와 함께 있는 것입니다."
"과유불급, 돈을 한마디로 요약하면 그렇습니다."
"돈은 버는 것보다 쓰는 것이 더 어렵습니다."

등의 핵심과 인상적인 부분을 생각하며 도입부와 본론을 어떻게 연관시킬 수 있는가를 고심해야 한다.

## 1. SNA 온라인강의 특징

| | |
|---|---|
| STEP 1 | • PPT를 통해 교육생의 이해를 돕는 세심한 강의 |
| STEP 2 | • 강사위주의 일방적 강의가 아닌 교육생 중심의 1:1 소통 강의 |
| STEP 3 | • 연기와 스피치의 기초부터 실전에 이르기까지의 체계적 교육과정 |
| STEP 4 | • 최적화된 온라인 교육환경 (HD시스템, 스마트 폰 지원) |

## 2. SNA 오프라인 교육특징

| 연기교육 | 스피치교육 | 특강교육 | 기업체강의 |
|---|---|---|---|
| 입시생, 오디션,<br>기획사<br>소속배우<br>1:1레슨 | 자신감,<br>발음교정, 면접,<br>프레젠테이션<br>선거, 논술,<br>스피치<br>1:1레슨 | 연기-화술,<br>제스처, 감정,<br>면접, 합격비법<br>스피치-보이스코칭<br>면접,<br>프레젠테이션 | 연기-실전연기<br>연기심리치료<br>스피치-실전면접<br>실전프레젠테이션<br>소통방법,<br>설득기술 |